YR EGLWYS A'R CYFRYNGAU

YR EGLWYS A'R CYFRYNGAU

EMLYN RICHARDS

ISBN 978-1-9033-1480-7

Mae'r cyhoeddwr yn cydnabod cefnogaeth ariannol
Cyngor Llyfrau Cymru

Cyhoeddwyd gan Wasg Pantycelyn
ar ran
Bwrdd y Ddarlith Davies

Argraffwyd gan Wasg y Bwthyn, Caernarfon

CYNNWYS

DIOLCHIADAU

Rwy'n ddyledwr i amryw; gofynnais a derbyniais gan:

Dr Geraint Tudur a'r Dr Robert Pope, Adran Uwchefrydiau Crefydd y Brifysgol, Bangor;

Dr Gwenno Ffrancon, Ysgol y Celfyddydau, Prifysgol Abertawe;

Staff Llyfrgell y Sir, Llangefni;

Archifdy'r Brifysgol Bangor;

Ms Ann Corkett, Bangor;

Dr Maredudd ap Huw, Llyfrgell Genedlaethol Cymru;

Mr Charles Parry, Llyfrgell Genedlaethol Cymru;

Y Parchedigion Dr R. Alun Evans, Dr Elfed ap Nefydd Roberts, a John Owen Bethesda;

Rwy'n ddiolchgar i'r Barchedig Eleri Lloyd Jones, Llyfrgell y Sir Caernarfon, am sicrhau trwy gyfrwng yr e-bost ganiatâd yr Athro Thomas E. Boomershine, Athro'r Testament Newydd o Goleg Diwinyddol', Dayton, Ohio, i ddefnyddio ei 'Siart o Hanes y Cyfryngau ac i'r diweddar Dewi B. Fransis, Caergybi.

Rwy'n ddiolchgar iawn i'r Parchedig Ddr John Tudno Williams, Ysgrifennydd Ymddiriedolwyr y Ddarlith Davies; bu ef ar gael bob amser i hybu a helpu.

Bu Elin Mair Owen, Ceunant, Llanfechell, yn gyswllt gwerthfawr rhwng Gwasg y Bwthyn a'r awdur a diolch i Elin am deipio ac i'r wasg am argraffu.

Diolch hefyd am gyfraniadau gan:

Y Parchedigion Harri Parri, John Gwilym Jones, Dr Alun Tudur, Owain Llyr Evans a Tecwyn Ifan, a Mr Alun Lenny, Ysgogydd Eglwysi Annibynnol Gorllewin Caerfyrddin, a Karen Owen, Trefnydd Rhaglenni Crefyddol y BBC ym Mangor.

RHAGAIR

Pan wahoddwyd Malcolm Muggeridge i draddodi'r ddarlith flynyddol yn y gyfres *London Lectures in Contemporary Christianity* ym 1976, fe ddewisodd *Christ and the Media* yn destun. Yr oedd yn naturiol i ŵr o'i brofiad a'i gefndir ym myd darlledu ddewis testun o'r fath. Ond pan aeth ati i baratoi'r ddarlith fe sylweddolodd yn fuan iawn na fedrai yn ei fyw wneud mwy na rhoi arolwg mympwyol o'r fath destun, testun a oedd, yn ôl Muggeridge, yn gofyn am ysgolhaig mwy o lawer nag ef a mwy o ddyfalwch pwrpas nag y medrai tipyn o newyddiadurwr fel ef ei gynnig.[1] Os na theimlai Malcolm Muggeridge yn abl i'r fath dasg, pa obaith sydd gennyf i? Ysgrifennodd Alexander Pope yn *An Essay in Criticism*, 'y rhuthra ffyliaid yn ddi-feddwl i leoedd na feiddiai'r angylion dramwy'. Un o'r ffyliaid hynny wyf innau yn meiddio ar y testun yma – *Yr Eglwys a'r Cyfryngau.*

Ond bu anturio i faes newydd a dieithr yn brofiad gwerthfawr ac yn gyfle i ddarllen y tu allan i gylch cyfyng gweinidog yn chwilio'n barhaus am bregeth newydd. Rwy'n cofio fel y byddai'r Parchedig Richard Williams, Amlwch, yn holi os awgrymwn lyfr newydd iddo: 'Will it preach?' fyddai cwestiwn Richard cyn dim. Dyma faes newydd yn ymestyn o luniau hynafol mewn ogofâu heibio i symbolaeth gwyddfeydd claddu Bwdïaidd neu ffenestri lliw Cristnogol hyd at rôl y cyfryngau torfol yn ein dyddiau ni. Mae a wnelo gweithgareddau crefyddau mawr y byd yn benodol â chyfathrebu gwerthoedd a syniadau gan ddefnyddio amrywiaeth o gyfryngau i wneud hynny. Ond yn amlach na pheidio bellach yr hyn a olygwn wrth gyfryngau yw: teledu, radio neu bapur newydd, a'r teledu yn fwyaf penodol. Ond ni olyga hyn nad oes werth neilltuol i gyfryngau eraill, yn arbennig y radio a chyfrifiaduron.

Bu'r Eglwys yn amharod iawn i groesawu a defnyddio'r

cyfryngau hyn, gan farnu eu bod yn anaddas iawn i gyflwyno neges mor neilltuol â Gair Duw. Ar y dechrau byddai pob pregethwr bron yn condemnio a chollfarnu'r cyfryngau electronig, yn enwedig y teledu a'i hoperâu sebon. Ond fe gred Neil Simpson, gweinidog yn Eglwys Bresbyteraidd yr Alban, mai gwir arwyddocâd yr operâu sebon ar lefel grefyddol yw'r cyfraniad a wnânt i gadw'n fyw y sibrydion am Dduw. Beth bynnag fyddo'n hymateb, mae llawer agwedd o deledu, ac operâu sebon yn arbennig, yn hawlio llawer iawn iawn o sylw'n cenhedlaeth ni. Allwn ni ddim diystyru'r rhain sydd wedi mwydo'n diwylliant; dyma'r gwerthoedd sy'n ysgogi, yn cynhyrfu ac yn trwytho pobol yn y diwylliant poblogaidd yma. Ond rydym ni yn llawer iawn mwy cynefin â chrefydd yn ymddangos mewn cyfryngau penodol fel seremonïau, llyfrau, caniadaeth gysegredig a phensaernïaeth. Tybed, mewn gwirionedd, a oes sail neu reswm dros gredu fod mynegiant o grefydd wedi ei gyfyngu i'r cyfryngau penodol hyn? Oni chynghorodd Iesu ei ddilynwyr: 'Gwnewch gyfeillion o'r Mamon anghyfiawn' (Luc 16:9).

Allwn ni ddim troi'r cloc yn ôl a chuddio rhag y fath chwyldro fel pe bai dim wedi digwydd. Cafodd pob aelwyd drwy'r wlad allor newydd, sef y bocs bach electronig: hwn bellach yw'r prif argymhellwr a'r cynghorwr ar werthoedd pennaf bywyd. Mae hon â'i hudlath wedi newid hen sefydliadau a gyfrifid gynt yn dragwyddol: llywodraeth, crefydd a theulu. Bellach ceir miliynau ar filiynau o bobol y wlad yma yn gwylio teledu a hynny am oriau bob dydd?[2] Mi ddylai'r fath sefyllfa ennyn diddordeb pob dinesydd. Dylem roi ystyriaeth ofalus a gofyn: pa fath raglenni a gyflwynir gan y radio a'r teledu i'r cyhoedd, a pha ddylanwad a gaiff y rhaglenni hynny ar y gwrandawyr a'r gwylwyr? A oes modd rhagori ar gynhyrchion y cyfryngau hyn?

Wrth geisio ateb y cwestiynau hyn, cofiwn y bu'r Eglwys Gristnogol ar flaen y gad ac yn eiddgar a pharod i ddefnyddio pob cyfrwng at ei gwasanaeth i gyfathrebu neges yr Efengyl. Pan ddarganfuwyd y wasg argraffu yn y bymthegfed ganrif, y Beibl a argraffwyd yn gyntaf un o'r wasg honno. Cyfrifai Martin Luther y wasg, a oedd yn gymaint chwyldro, yn rhodd Duw, y dechnoleg newydd a roes rym i'r Diwygiad Protestannaidd. Deil Bernard Reymond y bu argraffu'r Beibl cyntaf yn ddylanwad y gellir ei gyffelybu i deledu heddiw yn cyrraedd i bob tŷ, bron, o fewn ychydig ddegawdau.[3] Ac eto dyma'r Eglwys, a fu gynt ar flaen y gad, efo'r fath amrywiaeth o gyfryngau newydd, yn fud ac yn ofnus, wedi colli ei nerf i fentro 'mlaen. Ofn mentro newid ei steil a'i dull o gynnig yr Efengyl i'r holl fyd. Ar ddechrau'r unfed ganrif ar hugain y gwleidydd, y marchnatawr a'r diddanwr a wna ddefnydd o gyfryngau'r oes newydd. Os yw'r Eglwys Gristnogol am gyrraedd y tu hwnt i'w drysau at y mwyafrif o'r boblogaeth na pherthynant iddi, yna mae ganddi yng nghyfryngau electronig y dydd gyfle godidog i'w cyrraedd a chysylltu â hwy, ac yn wir i'w hennill. Mae'r teledu, y radio a'r we yn cyrraedd pob cartref; mae'r rhain yn gyfryngau cenhadol effeithiol yn llawn posibiliadau.

EMLYN RICHARDS, Mawrth 2009

CYFLWYNEDIG

I

MAIR, FY CHWAER

Pennod 1

Y CYFRYNGAU'N NEWID

Fel crefydd genhadol, mae Cristnogaeth yn dibynnu ar gyfryngau i gyflwyno'i neges yn gywir yn union fel y gwna ei brawd hynaf, Iddewiaeth, a'i chefnder iau, Islam. Mae pob crefydd – boed Gristnogaeth, Islam, Bwdaeth neu Hindŵaeth – yn chwilio am y cyfryngau mwyaf addas a phwrpasol i gyfathrebu eu neges i gymaint o gynulleidfa ag y bo modd. Temtasiwn amlwg i grefyddwyr ym mhob oes yw rhoi gormod o sylw i'r cyfryngau ar draul anwybyddu pwysigrwydd y neges. Dyw hi ddim yn dilyn bod cyfryngau ddoe, er mor effeithiol ydynt, yn addas i ofynion ac i ffasiwn heddiw. Bydd raid i'r Eglwys geisio'n barhaus am ddulliau newydd a chyfoes i gyflwyno'i neges i'w chenhedlaeth. Fe'n hatgoffir gan Dr Robert Pope mai: 'Byd y ffacs, cyfrifiaduron personol, e-bost, rhyngrwyd a'r We yw'n byd bellach, ac mae cyfnod y biro, papur a llyfr yn dirwyn i'w ben, o leiaf am y tro.'[4] Dyna'r cyfryngau a ddefnyddir bellach i gysylltu ac i gyfathrebu rhwng pobl a'i gilydd, ac mae'n gwbl naturiol a phriodol i'r Eglwys Gristnogol fanteisio ar gyfrwng y dydd i ledaenu ei newyddion.

Mae Peter Wagner yn cywasgu hanes yr Eglwys i frawddeg neu ddwy er mwyn dangos ei thwf a'r newid yn ei chenhadaeth. Trwy'r oesau fe dyfodd yr Eglwys gan ledaenu'r neges Gristnogol ar hyd ac ar led y cyfandiroedd. Canrif ar ôl canrif fe dyfodd ac fe newidiodd yr Eglwys mewn amrywiol ffyrdd. Tyfodd mewn un ffordd yn amser y Testament Newydd ac mewn ffordd arall yn yr Ymerodraeth Rufeinig cyn Cystennin ac mewn dull gwahanol ar ôl Cystennin. A dyna ffordd arall wahanol eto yn y Canol Oesoedd a phan ddeuwn at y Diwygiad Protestannaidd dyna newid amlwg. Bu newid eto yn ystod cyfnod y gwladychiad Ewropeaidd. Gwelodd y rhelyw ohonom y newid a fu er yr Ail Ryfel Byd.[5]

Mae pob tyfu, o reidrwydd, yn golygu newid ac addasu a bydd raid wrth gyfryngau newydd ar gyfer diwylliant yr oes a'r cyfnod. Er mor rymus ac effeithiol oedd pregethu mawr y gorffennol, yn arbennig yng Nghymru, bellach mae iaith grefyddol y pregethu hwnnw yn ddiystyr i genhedlaeth newydd. Mae gennym eirfa a phriod-ddulliau newydd a gwahanol bellach sy'n adlewyrchu arferion newydd a gwahanol yr oes. Mae gan Edward Markquart enghraifft ddiddorol: dychmyga wrando ar y radio a chael mai Iesu Grist sy'n siarad; dyma'i ymateb: 'Fyddech chwi byth yn credu mai pregethwr sy'n siarad, does ganddo ddim sŵn pregethwr yn ei lais nag ystrydebau beiblaidd. Mae ei iaith yn ffres, yn seciwlar, yn gywir fel iaith bob dydd a berthynai i'r rhan o'r byd y mae'n byw ynddi.'[6]

Bu i'r cenhadwr Lesslie Newbigin wynebu ein dilema ni flynyddoedd yn ôl bellach pan aeth i India yn 1936. Bu raid iddo geisio ateb yr un cwestiwn â'r un a'n blina ni heddiw: 'Sut y mae cyflwyno'r Efengyl Gristnogol o fewn diwylliant sydd mor wahanol i eiddo'r Gorllewin?' Ond, fel y mae'r Parchedig Glyn Tudwal Jones yn ein hatgoffa, doedd y broblem o gyflwyno'r Efengyl yn India yn ddim o'i chymharu â'r problemau a'i hwynebodd wrth ddychwelyd o India a cheisio ymgymryd â gwaith gweinidog yng nghanolbarth Lloegr o 1974 ymlaen. Erbyn hynny yr oedd yr hinsawdd grefyddol wedi newid yn Lloegr. Aeth yn fugail ar gynulleidfa fechan ddinesig yn Handsworth. Synhwyrodd yn fuan iawn fod dyheadau pobol wedi newid wrth i'w bywydau a'u gwerthoedd drosi'n gwbl seciwlar a materol – sut fyth y gallai bontio'r fath agendor?[7] Sylweddololdd Newbigin fod raid iddo bellach gael dull cwbl wahanol i'r hyn a gofiai gynt yn Lloegr i gyflwyno'r *un* Efengyl mewn diwylliant mor ddieithr ac anghydnaws. 'Mae'n werth troi'n alltud ambell dro' er mwyn adnabod a synhwyro'r fath newid.

Mae'r fath newid yn gofyn am ddulliau newydd o gyflwyno neges achubol i ddiwylliant cwbl wahanol. Fel y cyfeiriwyd eisoes, tydi'r neges ddim yn newid – yng ngeiriau Isaac Watts:

Saif y gwirionedd heb osgoi
Pan beidio'r haul a'r lloer â throi.

Ac fel y dywed Iesu Grist: 'Does neb yn rhoi gwin newydd mewn hen gostrelau!' Mae cymdeithasau crefyddol heddiw yng nghanol un o'r newidiadau mwyaf chwyldroadol mewn cyfryngau cyfathrebu. Mae'r datblygiadau a'r cynnydd yn y cyfryngau electronig, ac yn arbennig y teledu, yn prysur drawsnewid y diwylliant ac o ganlyniad yn newid natur gweinidogaeth yr eglwys a'r synagog. Ac eto, rydym yn ymddwyn fel pe bai'r fath newid yn gwbl newydd ac yn ddigynsail. Ond y gwir amdani, wrth gwrs, yw y bu'r traddodiad Iddewig-Gristnogol trwy newidiadau o ran cyfrwng o'r blaen ac fe geir cynseiliau i'r profiadau hyn sy'n ymddangos yn ddychryn o newydd. Heb os, gall sylweddoli bod newid yn y cyfryngau yn anorfod yn help inni wynebu her y cyfnod presennol. Yn naturiol mae arbenigwyr cyfathrebu'n croesawu'r cyfryngau newydd ac yn sôn gyda balchder am yr oes electronig fel pe bai ysgrifennu a darllen wedi darfod â bod. Ar y llaw arall, mae rhai ysgolheigion, sef ceidwaid y traddodiadau ysgrifennu, yn dal i ysgrifennu llyfrau fel pe bai dim byd wedi digwydd yn y diwylliant. Cyfeiriant yn ddigon sarhaus at y teledu.

Fodd bynnag, mae hanes y newidiadau hyn mewn gwahanol gyfnodau yn astudiaeth ddiddorol a buddiol. Rwyf yn ddyledus ac yn ddiolchgar i'r Athro Thomas E. Boomershine (Athro Testament Newydd yng Ngholeg Diwinyddol Dayton, Ohio) am ei ymchwil drylwyr i hanes y traddodiad a'r cyfryngau Iddewig-Gristnogol. Dyma a ddywed am yr ymchwil: 'As I sought to understand the transformation of the stories from their form in oral culture to their form in writing culture, it became clear that a media change of enormous magnitude was involved. It was more than a minor transition. It was a change of Worlds.'[8] Fe gydnebydd yr Athro ei ddyled i'r Tad Walter Ong am ei help i weld bod y newid mor radical.[9] Fe hawlia cyfnodau'r newid cyfrwng ailddehongli a diwygio'r grefydd. Rhydd yr Athro amlinelliad o'r cyfnewidiadau pwysicaf a fu yn hanes y cyfryngau. (Rwy'n ddiolchgar iawn am ei ganiatâd i ddyblygu ei siart.)

Wrth droi yn ôl i'r dechrau, fe nodwn:

1. *Llafaredd*

Fe ffurfiwyd crefydd Israel mewn diwylliant llafar. Heb yr wyddor, yr unig gyfrwng i gyfathrebu geiriau oedd siarad a llefaru o berson i berson. Trosglwyddid hanes a diwylliant gan storïwyr a beirdd yn llefaru i'w gwrandawyr. Felly hefyd yn hanes crefydd Israel, eu llefaru a'u canu a gâi'r storïau a'r caneuon am actau mawr Duw yn hanes Israel a'r storïau am Iesu Grist. Fe gyflwynid y storïau oddi ar y cof a'u dehongli mewn perthynas â sefyllfaoedd newydd trwy eu hailadrodd. Yn y cyfnod hynafol yma roedd iaith a llefaru yn hynod o farddonol am fod rhythmau ac odlau yn help i bobl gofio. Roedd y storïau yn llawn delweddau, dywediadau llafar bachog, lliwiau, ac ailadrodd. Cawn enghraifft dda o hyn gan y Ficer Prichard yn yr ail ganrif ar bymtheg gan fod ei gynulleidfa'n bur anllythrennog ac yn dibynnu cymaint ar y cof. Fe ddatblygwyd siantio yng nghrefydd Israel yn gynnar iawn a bu'n ddull hynod o ddefnyddiol i gyflwyno eu storïau, gan wneud cryn dipyn o ystumiau ac actio'r stori a chan wahodd y gynulleidfa i actio ac i hymio. Fe gymerai'r llefaru ryw naws ddefodol weithiau gyda'r pentrefwyr yn casglu'n seremonïol o gylch y siaradwr. Nid rhyfedd fod y gelfyddyd o siarad yn gyhoeddus a rhethreg yn galon i'r maes llafur academaidd yn ysgolion yr hen fyd. Onid oedd siarad, rhethreg, dadlau a thrafodaeth yn gwbl ganolog yn hyfforddiant academaidd yr hen Roegiaid? Yn wir, fe barhaodd rhethreg ym maes llafur prifysgolion Ewrop hyd flynyddoedd y Dadeni. Ond, yn arbennig oddi ar chwyldro Gutenburg a'r cynhyrchu torfol ar lyfrau, diflannodd llafaredd o addysg.

Ond peidied neb â chredu bod siarad cyhoeddus a rhethreg wedi gweld eu tranc. Pwy ddywedodd, mewn oes newydd fel hon, fod y sgìl i gyfathrebu trwy ddarllen yn anhepgorol? Gall pregeth neu araith ymddangos yn ardderchog ar bapur i'w darllen yn ddistaw ond gall fod yn fflat fel crempogen o'r pulpud. Gall y bregeth fod yn ddiwinyddol ac yn fugeiliol gampus, eto, bydd raid wrth rethreg i'w chyflwyno. Yr oedd y dull cwbl naturiol yma o gyfathrebu mor effeithiol yn ei ddydd fel yr oedd hi'n anodd dychmygu'r angen am ragori arno. Cafodd y ddawn i lefaru y fath sylw ac fe'i datblygwyd, yn enwedig gan y Groegiaid, i lefel uchel iawn. Ond, fel y cawn sawl achos i sylwi, fe gymer newidiadau mewn cyfryngau cyfathrebu amser maith iawn. Rhyw fater o 'a newidia'r llewpart ei frychni?' Fe gymerodd gymaint â mil o flynyddoedd i dderbyn ysgrifennu yng nghrefydd Israel.

2. *Ysgrifennu*

Roedd hi'n gryn newid o'r diwylliant llafar i ddiwylliant llenyddol. Hwn oedd y newid cyntaf o ran newid cyfrwng ac, fel yr awgrymwyd, cymerodd amser maith a fu hi ddim yn broses rwydd na hawdd. Yn y traddodiad beiblaidd, Iafe oedd yr ysgrifennwr cyntaf i arysgrifennu'r Deg Gorchymyn â'i fys ar lechi. Yn Ail Lyfr y Brenhinoedd cawn y cofnod cyntaf o ddarllen llawysgrif yn gyhoeddus. Mae Saffan yr ysgrifennydd yn darllen llyfr y gyfraith i'r brenin Joseia. Hon oedd sgrôl Deuteronomium yn y flwyddyn 622 CC. Yn ôl y cofnod yma mae'r gelfyddyd o ysgrifennu yn hen iawn. Ymhen cwta ugain mlynedd wedyn, yn 605 CC, cafwyd gwrthwynebiad reit bendant i'r fath newid pan fu i Jehoiacim y brenin fwydo sgrôl Jeremeia i badell, damaid wrth damaid. Math o act symbolaidd oedd hon a oedd mor nodweddiadol o'r cyfnod i ddangos gwrthwynebiad i'r ysgrifennu.

Yn y flwyddyn 444 CC cawn Esra yr Offeiriad, meistr cyntaf y cyfrwng newydd yma, yn arwain Israel gan ddarllen y gyfraith wrth Borth y Llyn. Yn ôl Llyfr Nehemeia (8:9) yr oedd y Lefiaid yn dehongli'r gyfraith fel y'i darllenid. Felly, fe sefydlwyd yr hyn a elwir yn *ddeddf lafar* gan sefydlu'r dehongliad llafar ar y traddodiad ysgrifenedig. O hyn, mae'n debyg, fe drefnwyd patrwm o drefniant cymuned, sef y gynulleidfa. Darllenid y testunau sanctaidd yn uchel ac fe roddid dehongliad llafar o'r traddodiad. Fe ddysgid y plant yn yr ysgolion i ddysgu ar eu cof y sgroliau a ddarllenid.

Gyda Helenistiaeth yn datblygu fel prif ddiwylliant ysgrifennu yn Athen ac Alecsander fel cymhellwr y diwylliant hwnnw yr oedd cyfle newydd i Israel. Yn sgil y rhyfel Iddewig yn OC 66–70 fe benderfynodd yr Iddewon Phariseaidd wrthwynebu'r diwylliant Helenistaidd. Bu i'r rhai hynny a berthynai i Iddewiaeth barhau â'u hymrwymiad i'r ddeddf lafar ond gan dderbyn ysgrifennu fel dull eilradd i lafaredd. Croesawodd y Cristnogion Iddewig (a alwyd yn ddiweddarach yn Gristnogion) y cyfrwng newydd a'i ddiwylliant. Bu i'r Cristnogion ddiwygio eu system gyfathrebu a derbyn y ffordd newydd o esbonio diwinyddiaeth fel y ffurf bwysicaf o feddwl a chyfathrebu. Yr oedd y ffurf yma yn gydnaws â'r cyfrwng newydd a'i ddiwylliant. O ganlyniad i hyn, daeth Iddewiaeth yn grefydd fechan ac eiddil, yn ddiwylliant ar wahân yn y byd Helenistaidd tra tyfodd Cristnogaeth ar raddfa eithriadol gan ddod yn y diwedd yn brif grefydd yr Ymerodraeth Rufeinig.

Yn oes y llawysgrifen daeth y Beibl yn llyfr. Gwrandewid ar y traddodiadau yn y darlleniadau cyhoeddus o'r llawysgrifau. Ceid esboniadaeth ar y darlleniadau ynghyd â thrafodaeth ddiwinyddol yn null enwog rhethreg Roeg-Rufeinig.

Fe nodwyd y cymerodd y newid hwn o'r llafar i ysgrifennu *fil o flynyddoedd* i'w dderbyn yn llawn. Y rheswm pennaf am yr arafwch oedd y gwrthwynebiad a'r amharodrwydd i dderbyn cyfrwng newydd. Yr oedd yna gymaint yn oblygedig yn y cyfryngau fel y teimlai'r bobl ei bod hi'n anodd iawn gollwng yr hen ddull a chofleidio cyfrwng newydd. Ac mae yna'r fath geidwadaeth yn perthyn i grefydd a fyn ymatal rhag unrhyw newid.

Mae'r esgusodion dros ddal gafael yn y dull llafar a gwrthod y fath syniad ag *ysgrifennu* yn rhai diddorol iawn. Pwysleisia Johannes Teithemius, Abad Sponheim, fod yna fwy i waith y mynaich na chopïo llyfrau; dylai'r mynaich ddal ati er bod argraffu wedi'i ddarganfod. Ar wahân i ddim arall, yn ôl yr Abad, yr oedd ysgrifennu a chopïo yn help i gadw dwylo segur yn brysur gan gymell diwydrwydd, ymroad a gwybodaeth o'r Ysgrythurau. Dadleuai hefyd fod y gair ysgrifenedig ar femrwn yn debyg o bara am fil o flynyddoedd, ond oes fer a fyddai i'r gair printiedig ar bapur. Mae'n amlwg mai prif reswm yr Abad dros amddiffyn ysgrifennu yn hytrach nag argraffu oedd ei awydd i gadw ffurf ar lafur corfforol a oedd mor addas, os nad angenrheidiol, i'r mynaich!

Yr oedd gan y mynaich hyn gryn falchder a phleser yn eu gwaith, fel pob gweithiwr â'i law. Mae gan Vespasiano gyfeiriad diddorol iawn yn ei lyfr *Lives of Illustrious Men* at lyfrau prydferth – rhwymiad o lawysgrifau yn llyfrgell Dug Urbino, gan awgrymu'n snobyddlyd: 'a printed book would have been "ashamed" in such elegant company'.

Ond nid y mynaich ceidwadol yn unig a wrthwynebai'r newid o'r ysgrifennu i'r wasg argraffu. Cyn gynted ag yr argraffwyd y Beibl cofebol cyntaf gan Gutenberg a Schaeffer, cychwynnodd yr ariannwr o gwmni John Fust gyda dwsin o gopïau o'r Beibl i geisio medi cynhaeaf ei fuddsoddiad yn yr argraffdy. Aeth i'r dref brifysgol fwyaf yn Ewrop, sef Paris. Roedd deng mil o fyfyrwyr yn y brifysgol honno. Roedd y myfyrwyr ac awdurdodau'r coleg wedi eu brawychu o weld un o'r tu allan efo'r fath drysorau – llyfrau! O weld ei fod yn gwerthu Beiblau, un ar ôl y llall, galwasant am yr heddlu, o feddwl bod llyfrau mor werthfawr yn llaw un dyn. Bu raid i'r dyn druan ffoi am ei fywyd.[10]

Ond er mor araf fu ysgrifennu llawysgrifau, eto fe achubwyd sawl testun gwerthfawr rhag mynd i ddifancoll. Fe droes ambell ysgolhaig yn ysgrifennwr er mwyn copïo a chadw ei waith ei hun. Yn ôl un amcangyfrif cymerai fisoedd lawer i 45 o ysgrifenwyr gynhyrchu 200 o lyfrau; er hyn, bu eu llafur a'u gwaith gorchestol yn gymwynas werthfawr yn eu dydd. Ni ryfeddwn y bu cryn wrthwynebiad i ollwng y cyfrwng arbennig yma er mor gyntefig yr ymddengys erbyn heddiw.

Doedd y Groegiaid hwythau ddim yn rhyw chwannog iawn i ddefnyddio'r cyfrwng newydd. Roeddynt yn rhyfeddol o gyndyn o symud o'r traddodiad llafar i ysgrifennu eu barddoniaeth. Cawn gan Mary Renault ddarlun diddorol o ystyfnigrwydd hen feirdd Groeg, tua diwedd y chweched ganrif cyn Crist, i dderbyn cyfrwng newydd. Y beirdd o gyfnod Homer yw cymeriadau ei nofel; y beirdd a ganai eu cerddi oddi ar eu cof yn y llys. Portreada fywyd yng Ngroeg yn nyddiau'r gormeswyr, rhyfeloedd Persia ac oes aur y celfyddydau. Canai'r beirdd hyn yn y farchnadfa, a gyfrifid yn ddull israddol iawn o ddifyrru. Prif gymeriadau'r nofel yw'r athro beirdd Simonides a'i ddisgybl Bacchylides, ei nai. (Mae'n werth cofio mai i bwrpas personol yn unig y ceid cyfansoddiadau ysgrifenedig, os o gwbl.) Daeth Simonides adref o'r ddinas un diwrnod ac er ei syndod clywai lais ei ddisgybl yn darllen ei waith yn uchel. Pan agorodd y drws, yno roedd Bacchylides yn eistedd fel teiliwr a'i goesau ymhleth ar y stôl gan blygu dros ei dabled ysgrifennu o wêr. Cynhyrfwyd yr athro gan y fath olygfa a gwaeddodd yn groch gan fynnu eglurhad gan ei ddisgybl crynedig. Sut byth y deuai'n fardd os oedd yn difetha ei ddawn i geisio cofio gydag ysgrifen yn hytrach na serio ei ganeuon yn ei ben. Yr oedd hyn, sef ysgrifennu, yn drosedd yn erbyn y duwiau: 'Os digwydd i hyn afael yn ein beirdd, bydd yn dranc ar farddoniaeth,' meddai'r Athro, gan droi at ei ddisgybl eto. 'Os na elli gofio dy Homer neu dy Sappho neu dy Anakreon, dylet ddod at dy athro.'[11]

Cytunai Simwnt Fychan (1530–1606) â'r Groegiaid ar hyn, sef mai rhywbeth i'w gofio oedd barddoniaeth. Credai Simwnt: 'Na wnaed cerdd ond er melyster i'r glust ac o'r glust i'r galon.' Onid yw'r term 'cerdd dafod' yn dangos yn eglur mai rhywbeth i'w gofio a'i lefaru ydyw barddoniaeth? Tybed nad oes ymdrech gan ein beirdd cyfoes i adfer barddoniaeth i'w *chofio* a'i *hadrodd* gyda sesiynau darllen barddoniaeth mewn tafarn neu neuadd neu ar aelwyd? Mae barddoniaeth yn fwy poblogaidd nag erioed, yn arbennig o ganlyniad i *Talwrn y Beirdd*, sy'n rhaglen mor boblogaidd.

3. *Argraffu*

Yn hanner olaf y bymthegfed ganrif fe symudwyd atgynhyrchu defnyddiau ysgrifenedig oddi ar ddesg y copïwr i weithdy'r argraffwr – symudiad o *sgript* i *brint*. Fel yn hanes pob symudiad a fyddo'n golygu *newid* cafodd y daith hon o'r ddesg i'r gweithdy siwrnai ddigon anodd. Yn ôl Elizabeth Eisenstein, ni fu erioed chwyldro y bu cyn lleied o gydnabod arno. Yn wir, dyna deitl un o'i phenodau yn ei llyfr ar hanes argraffu: 'An Unacknowledged Revolution'! Ond, heb os, bu'r symudiad yma yn chwyldro ar bob ffurf o ddysgu ac yn arbennig o bwysig i ysgolheictod hanesyddol. Fe esyd Francis Bacon y ddyfais hon, sef argraffu, ymhlith digwyddiadau mwyaf dylanwadol y dydd: 'We should note the force, effect, and consequences of inventions which are nowhere more conspicuous than in those three which were unknown to the ancients, namely, printing, gun powder and the compass. For these three have changed the appearance and the state of the whole world.' Ac fel y cyfeiria awduron diweddarach, er enghraifft Steinberg, a ddeil fod hanes argraffu'n rhan annatod o hanes gwareiddiad, does dim modd deall yn llawn ddigwyddiadau gwleidyddol, eglwysig, neu economaidd nac ychwaith symudiadau cymdeithasol, athrawyddol a llenyddol, heb gymryd i ystyriaeth ddylanwad y wasg argraffu arnynt.

Allwn ni ddim ond dychmygu pa fath ddylanwad a gâi'r fath gynnydd mewn cynhyrchu llyfrau, a hynny ar draul lleihad mewn oriau gwaith. Yn ei lyfr *Printing, Selling and Reading, 1450–1550,* mae Rudolf Hirsch yn cloriannu'r problemau a gysylltid ag *argraffu, gwerthu* a *darllen* yn ystod y ganrif gyntaf ar ôl Gutenberg, gan i'r fath gynnydd, fel pob llwyddiant, greu ei broblemau. Afraid fydd ceisio rhoi ffigurau i'r chwyldro mewn argraffu gan fod y dystiolaeth yn brin a bratiog. Bodlonwn ar Carlo Cipolla, sy'n cyfeirio at ddylanwad y wasg argraffu gyda chynnydd o dan hanner cant y cant mewn llythrennedd erbyn diwedd yr unfed ganrif ar bymtheg ymhlith y rhai hŷn yng Ngorllewin Ewrop ac ychydig yn llai na hynny yng nghefn gwlad. Er bod y ffigurau'n ddigon amwys y mae digon o dystiolaeth y bu cynnydd mawr mewn darllenwyr ac y lledaenwyd syniadau newydd o ganlyniad.

Heb os, i'n pwrpas ni, argraffu'r Beibl cyntaf drwy ddyfais Gutenberg yn y 1440au oedd y pwysicaf. Dyna lansio oes newydd argraffu masgynhyrchu a symud o gyfathrebu llafar i gyfathrebu print. Bellach ni fyddai llyfrau'n gyfyngedig i fynachdai, eglwysi a chartrefi byddigions. Gallai teuluoedd gael gwybodaeth a doethineb yr oesoedd wrth eu penelin! Bu i gyfathrebu trwy ddarllen newid y byd llafar a'i droi'n fyd y print.

Ni fu'r fath newid erioed, sef newid dull a steil cyfathrebu o ddull y storïwr llafar. Rhoes yr iaith farddonol liwgar ei lle i ryddiaith a rhesymeg, gan fod y llyfr argraffedig yn addas i fanylder, y dilyniannol ac i ddatblygiad rhesymegol o'r meddwl. Collwyd priod-dulliau ymadrodd a oedd yn help i'r cof a chafwyd yn gyfnewid ryddiaith fanwl a phrin heb ailadrodd.

O ganlyniad i argraffu, fe ledaenwyd ar draws Ewrop mewn dim o dro weithiau â dylanwad ysgolheigion amlwg y byd, gweithiau Awstin Sant, Sant Tomas o Acwin, Newton, Kant ac amryw eraill. Mi fyddai'r fath wyrth yn annichon yn y diwylliant llafar. Fe ellid bellach sypynnu'r fath wybodaeth i le mor fechan, a chadw cyfrif ohoni heb geisio'i chofio. Mewn gair, fe anwyd gwyddoniaeth fodern gan y gallai ysgolheigion adeiladu ar y fath fynydd o wybodaeth a oedd wrth law ar y silffoedd llyfrau. Bellach fe allent ysgrifennu eu darganfyddiadau ar bapur i filoedd eu darllen.

Yn naturiol, cafodd y wasg argraffu ei dylanwad ar bregethu. Yr oedd pregethau mewn llawysgrif wedi eu darparu'n ofalus yn cyflwyno syniad rhesymegol o feddwl. Gweithiai'r pregethwyr yn ddiwyd ar eu llawysgrifau a'u darllen o'r pulpud. Daeth y gynulleidfa'n gyfarwydd â phregethau maith esboniadol. Dyna, yn fras ac yn frysiog, fu dylanwad y chwyldro argraffu cyffredinol ar ddyn a'i fyd.

Cafodd y wasg argraffu ddylanwad neilltuol iawn ar fyd crefydd. Argraffu'r Beibl fu gorchestwaith gyntaf Gutenberg, fel y nodwyd eisoes. Mae'n ddiddorol sylwi y bu'r Eglwys Babyddol yn hynod o wrthwynebus i'r syniad o argraffu a dosbarthu'r Ysgrythurau, yn enwedig y cyfieithiad brodorol. Ar y llaw arall, yr oedd y Protestaniaid yn fawr eu croeso i'r cyfryngau newydd. Fe barhaodd gwrthwynebiad y Pabyddion i'r cyfrwng newydd yma mewn rhai ffurfiau i'r ganrif ddiwethaf. Ond, o dipyn i beth, gydag arweiniad y Jeswitiaid yn bennaf, fe sylweddolodd y Pabyddion, pa mor anodd bynnag oedd her y newid, roedd yn fater o fywyd neu farwolaeth yn y pen draw, a bu iddynt, yn y diwedd, groesawu'r diwylliant argraffu i'w gweinidogaeth addysgol. Bellach mae'r Eglwys Babyddol yn argraffu Beiblau ac yn cyhoeddi esboniadau beiblaidd o ansawdd uchel er mwyn cyfarwyddo astudiaeth o'r Beibl gan y lleygwyr.

Ym myd y cyfrwng yma – *argraffu* – fe ddarllenid yr Ysgrythurau mewn dull rhyddieithol a digon anniddorol. Daeth y Beibl bellach yn llyfr o fewn cyrraedd pob teulu i'w ddarllen yn uchel. Yr oedd modd clywed y traddodiadau mewn darlleniadau cyhoeddus i gynulleidfaoedd bychan ac mewn darlleniadau preifat i deuluoedd neu i unigolion. Fe addaswyd dulliau'r Canol Oesoedd o esbonio a daeth esbonio llythrennol yn ganolog. Y profiad nodweddiadol o Dduw yn y cyfnod hwn gan Brotestaniaid a Phabyddion oedd profiad personol o ras Duw.

Ond er mor werthfawr y cyfrifid argraffu fel cyfrwng newydd ac er i Luther fynd mor bell â chyfeirio at y ddyfais fel 'God's highest act of grace', eto, roedd yn llawdrwm ei gerydd ar yr argraffwyr am lurgunio rhannau o'r Efengyl er mwyn gwneud proffid sydyn. Yn ei ragair i'w Feibl 1541 dywedodd fel hyn amdanynt: 'They look only to their greed.' Ond, heb os, bu i athrawiaethau'r Protestaniaid gyfrwyo'r grefydd draddodiadol i dechnoleg newydd i'r fath raddau fel y bu i Gristnogaeth y Gorllewin anturio ar gwrs na chymerwyd erioed cynt gan unrhyw grefydd byd, ac ar ddim o dro datblygodd nodweddion a roes iddi ymddangosiad, mewn cymhariaeth â chrefyddau eraill, fel pe bai wedi cael rhyw weddnewidiad hanesyddol.[12]

Argraffu yn Gosod y Llwyfan i'r Diwygiad

Yr oedd y Diwygiad Protestannaidd ac argraffu yn gyfamserol. Rhoes y ddyfais ryfeddol hon rym sylweddol i'r Diwygiad ond fe roes goblyn o siocdon hefyd. Dyma ddigwyddiad a gyrhaeddodd at bob teulu llythrennog. Fe gafodd y Beibl a'r Efengyl ddylanwad yn union fel y caiff y teledu heddiw – cyrraedd i bob cartref mewn mater o ychydig ddegawdau.[13]

Cafodd y datblygiad hwn ryw rym rhyfeddol y tu mewn i ffydd newydd y Protestant. Ac o'r safbwynt yma y cymer egwyddor bendant y Diwygiad, *sola scriptura,* ei ystyr, ystyr y tueddwn yn aml i anghofio'i arwyddocâd. O'r unfed ganrif ar bymtheg ymlaen yr oedd tueddiad i gyfeirio at y testun argraffedig (mewn gwrthgyferbyniad i'r un ysgrifenedig) gan ddiwinyddion a phregethwyr y Diwygiad a daeth hynny'n nodwedd arwyddocaol. Mae yna sawl mynegfys yn ein helpu i weld yn weddol glir fel y dylanwadodd argraffu ar ddull a steil pregethau – y rhai a bregethid o bulpud yn ogystal â'r rhai a argreffid. Rhwng 1860 ac 1880 mae'n weddol amlwg y byddai'r cynulleidfaoedd yn disgwyl i'r pregethwyr gyflwyno'u pregethau ym mhatrwm a dull y testun argraffedig. Yn wir, roedd rhai o'r Protestaniaid yn dewis aros gartref i ddarllen pregeth gan bregethwr enwog, yn hytrach na mynd i'r eglwys leol i wrando ar rywbeth llawer salach! Yr oedd eglwysi'r Diwygiad, yn arbennig felly yn Ffrainc, y Swistir a'r Iseldiroedd, yn awyddus i ddileu o'u gwasanaethau unrhyw weithgareddau hynod o weledol neu o natur symbolaidd; yr oedd eu holl fwriad yn canolbwyntio ar yr hyn a *ddywedid*, ac felly ar yr hyn a *glywid*, agwedd a oedd yn gofyn am *sylw* a *llonyddwch.*

Ond dychwelwn at y pennawd – 'Argraffu yn gosod y llwyfan i'r Diwygiad'. Y Diwygiad oedd y mudiad crefyddol cyntaf a gafodd help y wasg i'w hybu ymlaen. Cyn i Luther ddod ar y llwyfan yr oedd Cristnogaeth y Gorllewin wedi galw am gymorth y wasg argraffu newydd yn eu crwsâd yn erbyn y Tyrciaid. Ond, yn ddi-os, Protestaniaeth oedd y gyntaf i wneud defnydd llawn o botensial y cyfrwng torfol hwn. Gwelodd Luther fod y wasg argraffu yn un o roddion Duw i genedl yr Almaen; cyfeiriai at y wasg fel: 'Act uchaf a phennaf Duw o ras trwy ba un y mae busnes yr Efengyl yn cael ei gyrru ymlaen.' Fe welid dyfais neilltuol Gutenberg fel bendith arbennig ar genedl yr Almaen a oedd yn gyfrwng i ryddhau'r Almaenwyr o hualau Rhufain a dod â goleuni gwir grefydd i bobol Dduw. Ceir yr un nodyn gan yr hanesydd Johann Sleidan mewn *Address to the Estate of the Empire of 1542*, polemig a ailargraffwyd droeon: 'Fel pe bai raid wrth brawf fod Duw wedi'n dewis i gyflawni cenhadaeth arbennig fe ddyfeisiwyd yn ein gwlad gelfyddyd ryfeddol a chywrain – celfyddyd argraffu. Bu i'r fath ddarganfyddiad agor llygaid yr Almaen fel y mae yn awr yn dwyn goleuni i wledydd eraill. Daeth pob dyn yn awchus am wybodaeth gan ryfeddu at ei ddallineb gynt.'

Ni ellir gorbwysleisio arbenigrwydd y wasg mewn perthynas â lledaenu neges y Diwygiad: heb os, y wasg fu'r prif erfyn yn ei lwyddiant. Rhwng 1517 ac 1520 amcangyfrifir i 300,000 copi o ddeg cyhoeddiad ar hugain Luther gael eu gwerthu. Mi fyddai'n amhosibl i chwyldro o'r maint yna ddigwydd heb rym pwerus y wasg. Yn wahanol i Wycliffiaeth a Waldensiaeth, yr oedd Lutheriaeth o'r dechrau yn blentyn y llyfr printiedig a thrwy'r cyfrwng hwn yr oedd yn abl i safoni a manylu a gwneud argraff annileadwy ar feddwl Ewrop. Am y waith gyntaf yn hanes dyn yr oedd y cyhoedd darllengar yn abl i farnu syniadau chwyldroadol mewn cyfrwng torfol a ddefnyddiai iaith frodorol ynghyd â chrefft y newyddiadurwr a'r cartwnydd.

Pan ddaeth Tetzel i Wittenberg i werthu maddeuebau ar ran y Pab gwrthododd Luther brynu dim a hoeliodd ei osodiadau gwrthwynebol ar ddrws yr eglwys yn Wittenberg. Bu hyn yn achos i godi storm. Gwahodd dadl dros ei naw deg pump thesis heb unrhyw fwriad chwyldroadol. Yr oedd yn arferol i athrawon diwinyddol gynnal dadl neu drafodaeth ynglŷn â materion fel maddeuebau (neu bardwn) a drws yr eglwys fyddai'r lle arferol am gyhoeddusrwydd, fel y deil ambell ffenest siop yng nghefn gwlad o hyd. Ond nid arhosodd y thesisau hyn ar y drws yn hir; fe'u gwasgarwyd.

Yn wir fe fynegodd Luther ei hun gryn benbleth ynglŷn â'r holl fater pan gyfarchodd y Pab Leo X chwe mis yn ddiweddarch: 'Y mae'n ddirgelwch i mi sut y bu i'm thesisau, yn fwy felly na'm hysgrifeniadau, ac yn wir rai athrawiaethau eraill gael eu lledaenu i gynifer o leoedd. Fe'u bwriadwyd yn benodol i'n cylch academaidd ni yma. Fe'u sgrifennwyd mewn iaith na fedrai'r bobl gyffredin ei deall.' Yn ôl un ysgolhaig fe erys hyn yn un o ddirgelion hanes y Diwygiad – sut y bu i'r cynnig yma am ddadl academaidd wedi'i ysgrifennu mewn Lladin danio cefnogaeth mor frwdfrydig a chael dylanwad mor bell gyrhaeddol? Pwy a ŵyr na fu gan y wasg fys dirgel yn y wyrth?

Yn ddiddorol iawn bu'r ddyfais argraffu yn foddion, am y waith gyntaf yn hanes Cristnogaeth, i gael unffurfiaeth mewn addoli. Cyn dyfod y wasg dim ond mewn llawysgrifau y ceid testunau'r litwrgi, ac o ganlyniad bu raid goddef cryn amrywiadau lleol. Ond cafwyd argraffiadau printiedig gyda thestunau unffurf a chyfarwyddiadau. Gan fod yr iaith Ladin wedi'i chadw fel cyfrwng addoli yn holl wledydd y Gorllewin o'r Eglwys Babyddol, fe ellid adrodd yr un testunau a pherfformio yr un seremonïau,yn gywir yn yr un ffordd trwy'r byd Catholig. Byddai modd felly rwystro unrhyw newid a thyfiant digymell yn y gwasanaeth ac yna ffosileiddio addoliad yr Eglwys Gatholig.

Daeth y bregeth dan gryn newid hefyd – neu lenyddiaeth y bregeth, a bod yn fanwl gywir. Caed llyfrynnau i bregethwyr gyda rheolau i reoli rhethreg y pulpud. Bu i'r llyfrau rheolau hyn ladd yr iaith Ladin ystwyth. Ond yr oedd pregethwyr dawnus yn anfon eu negeseuon o du hwnt i'r bedd, wrth i gasgliadau o'u pregethau gael eu cyhoeddi ar ôl iddynt farw. Fel yr ysgrifenna Daniel Defoe: 'The preaching of sermons is speaking to a few of mankind, printing books is talking to the whole world.'

Ond er mor chwyldroadol fu'r wasg a'i thoreth o lyfrau printiedig a'i chyfraniad fel y cyfrwng mwyaf effeithiol mewn cyfathrebu fe glywyd 'trwst ym mrig y morwydd'. Bellach mae pobol y print – ysgrifenwyr a darllenwyr, yn colli tir i'r *bobl weledol* – y cynhyrchwyr a'r gwylwyr. Fe gododd cenhedlaeth newydd a gaiff eu gwybodaeth a'u difyrrwch o'r *teledu* – llai o wybodaeth a mwy o ddifyrrwch! Fe gymerodd fil o flynyddoedd i dderbyn a dygymod ag *ysgrifennu* yng nghrefydd Israel ac fe gymerodd rai cannoedd o flynyddoedd i dderbyn print gan Gristnogion. Bellach, ar ôl pum can mlynedd o wasanaeth clodwiw y wasg argraffu, mae'r cymunedau crefyddol yn ceisio addasu eu bywyd a'u cenhadaeth i'r *cyfryngau electronig*. Mae'r newid yma eto yn ymddangos yn broses faith a chymhleth. Pwy a ŵyr beth fydd canlyniadau'r fath newid ar gyfathrebu a chyflwyno'r neges Gristnogol? Ond cyn gadael y wasg argraffu a'i chyfraniad rhyfeddol, dyma a ddywed yr awdures Harper Lee: 'In an abundant society, where people have laptops, cellphones, iPods and minds like empty rooms, I still plod along with books; I prefer to search library stacks because when I work to learn something, I remember it.'[14] Yr her i'r Eglwys yw'r ffaith fod raid darganfod ffyrdd newydd o fynd â Gair Duw at y bobl.

4. *Cyfryngau Electronig*

Daw y cyfrwng electronig â ni i ganol berw ein hoes ni; gwelsom ond odid y chwyldro mwyaf erioed yn hanes cyfryngau cyfathrebu. Daeth y teliffon/teligraff, radio/teledu a chyfrifiaduron a'u hepil i gymryd lle'r print fel prif gyfrwng cyfathrebu torfol. Mae'r cyfryngau electronig wedi cynhyrchu diwylliant cwbl newydd. Y mwyaf pwerus o'r cyfryngau torfol hyn yn nhermau newid diwylliant yw'r *teledu*. Gwêl yr Athro John Killinger o Tennessee y fath newid yn troi'r byd â'i wyneb i waered a gwyrdroi ein diwylliant: 'For one thing, the world has become mediaville. We live with television, stereo, videotape, recording machine, computers, cameras, projectors, synthesizers and every imaginable mechanical extension of the self.'[15]

Fel y nodwyd eisoes, diwylliannau geiriol oedd y llafar a'r print. Am genedlaethau, pa un bynnag ai llefaru ynteu ysgrifennu, geiriau oedd y prif gyfrwng cyfathrebu yn y byd gorllewinol. Ond mae technoleg newydd heddiw wedi ymestyn posibiliadau cyfathrebu yn go arw. Ac fel y dywed Roy P. Madsen, sy'n gryn awdurdod ym myd cynhyrchu ffilmiau: 'Y mae ffilm a theledu yn cynnig ffurfiau o gyfathrebu sy'n rhydd oddi wrth y syniadau perthynol i ddiwylliant y gair printiedig neu'r gelfyddyd lonydd. Y mae modd bellach anfon yr ystyron gweledol a fynegir mewn symudiadau, o feddwl i feddwl trwy'r llygaid.'[16] Mae'r newid hwn yn anhygoel ac yn ddigon anodd i'r lleygwr yn y pethau hyn ei ddirnad a'i ddeall. Mae posibiliadau cyfathrebu wedi eu hymestyn tu hwnt i'n dychymyg ni. Rydym wedi hen adael oes y llafar o gyfathrebu â'n gilydd yn hamddenol a bellach rydym ar fin gadael y print a'i lyfrau a moroedd o bapurau newydd a chylchgronau. Rydym yn graddol fynd i mewn i oes electronig o gyfathrebu.

Cymerodd y symudiad o'r llafar i'r print rai cenedlaethau i'w sylweddoli ac i dderbyn y diwylliant newydd, ond mae'n ymddangos bod y teledu am fwlio heibio i bob ffurf arall o gyfathrebu, a hynny mewn cyfnod byr iawn. Bellach hwn, y teledu, yw'r cyfrwng blaenaf nid yn unig am wybodaeth ond am ddifyrrwch ac adloniant i bawb, bron, yn y byd gorllewinol. Mae hwn wedi creu coblyn o newid ac wedi dylanwadu cymaint ar ein ffordd o *wrando*, o *ddysgu* ac o *feddwl*. Mae pobl heddiw yn derbyn eu gwybodaeth am y byd o'u cwmpas nid trwy sgwrsio â'i gilydd nac yn bennaf trwy ddarllen geiriau printiedig yn y wasg, ond yn hytrach wrth weld delweddau a gwrando ar eiriau a drawsyrrir yn electronig ar sgrin. Fe gyflwynir y delweddau ar deledu a ffilm mewn dull electronaidd sy'n gwbl wahanol i'r ddrama ar lwyfan gyda phobol go iawn yn ymddangos o'n blaenau. Mae delweddau'r teledu'n melltennu o gylch y byd neu yn saethu atom gyda hanner cant o ddelweddau mewn un hysbýs deg eiliad ar hugain.

Ymhle a phryd y clywyd erioed am y fath newid â hwn? Dyw'r newidiadau a gafwyd gynt mewn cyfathrebu geiriol ddim yn dod yn agos at y newid hwn. Mae teledu'n cyfuno *gweld* a *chlywed*, ond efo set newydd o ddeinamig a'i gwna mor wahanol i *siarad* a *darllen*. Cyfrwng gweledol yn bennaf oll yw'r teledu; y llun a'r graffeg yw calon y cyfathrebu, nid y geiriau a leferir. Yn ôl Peter Conrad, nid ymddiddan neu ymgom ydi *sgwrs deledu*; yn hytrach, dathliad o'r *gweladwy* ydyw. Ni fwriedir i sgwrsio ar deledu fod yn rhywbeth i wrando arno. Mae'r geiriau'n gyfle i ni ennill amser i edrych ar y siaradwr.[17]

Wrth geisio asesu'r cyfrwng yma, *teledu*, i bwrpas cenhadaeth yr Eglwys heddiw, na feier y pregethwr am fod mor sinigaidd. Mae'r teledu'n llawer mwy addas fel cyfrwng i gyflwyno adloniant a difyrrwch. Fe ddisgwyl cynulleidfa'r teledu i chwaraeon, addysg a gwybodaeth gael eu cyflwyno mewn ffordd a dull adloniannol ac ysgafn. Ac yn naturiol fe ddisgwyliant i wasanaeth o addoli, boed gymun, canu neu bregeth, fod yn ddifyrrwch; maent wedi eu cyflyru i ddisgwyl hynny. Yn ychwanegol at hyn, fe roir cryn dipyn o bwyslais ac o ddisgwyl y golygus a phinsiaid dda o *glamour* yn y cyfrwng yma. Ddaw neb yn seren ar y bocs heb *ddisgleirio*. Heb yn wybod inni, rydym wedi dod yn genhedlaeth o *jyncïod teledu*. Treuliwn oriau bob dydd wrth yr allor hon; treuliwn fwy o amser yn gwylio teledu nag a wnawn yn sgwrsio â'n ffrindiau neu ein cymdogion, a mwy o lawer o amser nag a rown i ddarllen papurau newydd, llyfrau neu gylchgronau. Mae'n debyg mai'r unig weithgaredd arall yn ein bywyd a gaiff fwy o sylw na gwylio'r teli yw *cysgu*! Wrth droi at genhedlaeth iau, bydd plant yn enwedig, erbyn cyrraedd deunaw oed, wedi treulio mwy o amser yn gwylio teledu nag a dreuliant yn yr ysgol a mwy o lawer o amser wrth y teledu nag yn chwarae neu'n sgwrsio efo pobol hŷn. Nid rhyfedd ein bod yn genhedlaeth sy'n colli'r ddawn i sgwrsio ac ymgomio â'n gilydd. Nid rhyfedd i Neil Postman fod mor feirniadol yn nheitl ei lyfr, heb sôn am y cynnwys, *Amusing Ourselves to Death*. Aeth y golofnwraig Ellen Goodman mor bell â bathu gair newydd i ddisgrifio'r realaeth newydd yma – *infotainment*. Beth, tybed, yw'r Gymraeg am y fath air?

Ond, fel y nodwyd eisoes, mae rhai adrannau o'r Eglwys yn eithaf parod i fentro'r cyfryngau newydd. Credai Billy Graham fod y teledu yn rhodd gan Dduw i genhadu'r anchwiliadwy Air, fel y credai Martin Luther yn yr unfed ganrif ar bymtheg fod y wasg argraffu yn rhodd gan Dduw i'r un diben. Mae'r Tad Edward J. Dougherty o adain garismataidd yr Eglwys Babyddol yn argyhoeddedig y dylai'r Eglwys ddefnyddio dull y byd o farchnata i genhadu'r Efengyl; onid dyna'r dull a'r steil y mae'r bobol yn ei ddeall a'i adnabod? Yn ôl Dougherty:

> I personally am convinced that the Church has to study marketing so that the customers will be enchanted and really be satisfied ... We do our homework in marketing and we'd like very much to please our customers. We have the best product, which is God, the best price, which is for free, and we have to spread this out. I have no doubt that if Jesus Christ were to be here like we're here he would be on the television.[18]

Rhybuddiodd Iesu Grist ei ddisgyblion wrth eu hanfon allan ar genhadaeth nad rhyw chwarae plant oedd y busnes cenhadu yma. Yr oeddynt fel defaid ymhlith bleiddiaid ac nid bleiddiaid ymhlith defaid! Awgrymodd Iesu dacteg iddynt a chryn dipyn o liw byd marchnata'r dydd arni: 'Byddwch gall fel seirff ac yn ddiniwed fel colomennod' – bron na chlywn Iesu'n sibrwd wrthynt, 'Pam lai, eu cyrraedd efo'r genhadaeth sy'n bwysig!'

'Ond na chredwn mai ymgyrchwyr cenhadol amlwg yw'r unig rai a wna ddefnydd o'r cyfryngau electronig. Mae'r neb a gred fod teledu, radio a'r we fyd-eang yn fygythiol i'r ffydd yn gyfystyr â sefyll ar ganol ffordd brysur a thaeru na chrewyd modur eto,' meddai'r Parchedig Owain Llyr Evans, gweinidog yng Nghaerdydd. Cred fod y cyfryngau hyn yma i aros – a rhaid eu iawn ddefnyddio.

Pwysleisia Owain Llyr na allwn fesur yn llawn ddylanwad y cyfryngau hyn ar ein ffordd o fyw. Mae'n ddylanwad pwerus ym myd gwleidyddiaeth, masnach, adloniant, chwaraeon, drama, addysg a chrefydd. 'Cyfryngau,' meddai, 'i gyfathrebu ydynt yn anad dim. Fe allent fod yn gyfryngau propaganda neu'r gwirionedd.' Gwêl yn y teledu, y radio a'r we gyfryngau cenhadol effeithiol, yn llawn posibiliadau, ond dylid cofio, serch hynny, mai diben cenhadu yn a thrwy'r cyfryngau hyn yw ailgysylltu pobol â'u heglwysi lleol a'u hennill yn aelodau defnyddiol, nid cynnig iddynt rywbeth yn lle awyrgylch oedfa, cymdeithas aelodaeth eglwysig a chyd-ddysgu Cristnogol.

Dyma farn gweinidog arall yn y brifddinas – Y Parchedig Ddr Alun Tudur:

Radio a Theledu

Y mae'n anodd i ni fel Cristnogion Cymraeg i ddylanwadu ar gynnwys rhaglenni radio a theledu ac oblegid hynny ni allwn eu defnyddio fel cyfryngau effeithiol i gyflwyno agweddau Cristnogol. Er hynny dylem achub ar bob cyfle i'w ddefnyddio i hyrwyddo'r Deyrnas. Dylid annog Cristnogion sydd â diddordeb yn y cyfryngau hyn i'r meysydd fel bod o leiaf ddylanwad o fewn i'r sector. Gellid cyflwyno egwyddorion Cristnogol drwy ddrws cefn rhaglenni hanesyddol, plant, addysgol ac adloniant ysgafn. Efallai nad ydym yn ddigon cyfrwys yn ein defnydd o'r cyfryngau hyn. 'Byddwch yn gall fel seirff,' ddywedodd yr Arglwydd. Ein tuedd yw bod yn feunyddiol ddiniwed fel colomennod.

Systemau Sain

Mae cael system sain effeithiol mewn capel yn gallu cynorthwyo yn y gwaith o addoli a chyfathrebu. Nid yn unig y gall pawb glywed y sawl sydd yn cymryd rhan, ond gellid chwarae cerddoriaeth yn yr oedfaon.

Cyfrifiaduron

Bendith aruthrol yw cyfrifiaduron i ni fel eglwysi. Gellir eu defnyddio mewn amrywiol ffyrdd:

1. *Bas Data Aelodaeth*

   Mae gosod enwau, cyfeiriadau, rhifau ffôn a chyfrifon ariannol mewn bas data yn hwyluso'r gwaith o brintio labeli cyfeiriadau, trefnu bugeilio, creu grwpiau, e.e. athrawon ysgol Sul, ieuenctid, diaconiaid, a llu o bethau eraill.

2. *E-bost*

   Os oes gan aelodau gyfeiriadau e-bost, gellir cysylltu â hwy ar amrantiad dim ond trwy greu un neges. Mae hyn yn arbed amser ac yn arbed coed ac felly'n garedig tuag at yr amgylchedd. Mae'n ffordd ardderchog o rannu cyhoeddiadau a gwybodaeth.

3. *Gwefan*

   Gall eglwys greu gwefan – yn gymharol rad a rhwydd erbyn hyn – sy'n cyhoeddi'r Efengyl, yn rhannu gwybodaeth amdani ei hun ac yn gwahodd pobol i ymuno yn y gweithgareddau.

4. *PowerPoint*

   Gyda thaflunydd digidol yn y capel gellir dangos sleidiau PowerPoint yn yr addoliad. Golyga hyn y gellir cael llawer mwy o gyfraniad gan y gynulleidfa gyfan. Mae hyn yn hwyluso cyd-ddarllen, gweddïau gydag ymateb gan y gynulleidfa, dangos lluniau a chanu emynau. Gellir defnyddio emyn o unrhyw lyfr heb orfod llungopïo peth wmbredd o gopïau. Hefyd, wrth bregethu, gellir dangos adnodau, mapiau a lluniau.

5. *Taflunydd Digidol*

   Mae'r teclyn hwn hefyd yn ein galluogi i ddefnyddio fideo a DVD yn ein gwaith cyhoeddus. Ambell dro mae mudiadau fel Cymorth Cristnogol, Tearfund ac Operation Christmas Child yn cynhyrchu DVD er mwyn dangos agweddau o'u gwaith.

6. *Recordio*

Gyda chyfrifiadur gellir recordio oedfaon yn rhwydd gan eu gosod ar gryno-ddisgiau (Gorau dawn, dawn disg), neu ar y wefan, fel bod unrhyw un yn y byd, pe bai'n dymuno, yn gallu gwrando arnynt. Gellir wedyn roi disgiau i'r oedrannus a'r bobol wael sydd yn methu mynychu moddion gras.

7. *Y We Fyd-eang*

Mae hon yn ffynhonnell ryfeddol o wybodaeth. Gall eglwysi gysylltu yn rhwydd gyda'i gilydd a gefeillio gyda chynulleidfa arall mewn unrhyw le yn y byd.

8. *e-Sword*

Mae'r Beibl Cymraeg Diwygiedig i'w gael yn ei gyfanrwydd ar wefan e-Sword. Gellir copïo talpiau ohono yn ôl yr angen. Hefyd, ceir llu o fersiynau eraill o'r Beibl mewn ieithoedd amrywiol, gan gynnwys Groeg a Hebraeg, ac esboniadau beiblaidd.

Penodwyd Alun Lenny'n ddiweddar yn Ysgogydd Eglwysi Annibynnol Gorllewin Caerfyrddin. Medda ar gymwysterau neilltuol i'r swydd arbennig hon. Dyma fel y synia Alun am y cyfrifiadur:

Y cyfrwng sy'n newid y byd

Bu radio yn gyfaill da i Gristnogaeth. Fel cyfrwng i'r geiriau a'r canu anweledig, roedd radio fel pe bai wedi cael ei wneud ar gyfer lledaenu'r Efengyl. Nid felly'r teledu, ac yn sicr nid erbyn heddiw. Chwant a chwaeth y gwylwyr trwy'r ffigurau gwylio sy'n gyrru cynnwys rhaglenni teledu. O dan y fath drefn mae rhywbeth lleiafrifol fel crefydd, gwaetha'r modd, yn cael ei wthio i'r cyrion.

Ond daeth cyfrwng newydd: cyfrifiadur. Dyma'r cyfrwng mwyaf chwyldroadol o'r tri, dyma'r un sy'n newid ein bywydau er gwell neu er gwaeth, ac yn aml mewn ffyrdd na welwch, yn fwy nag y gwnaeth radio na theledu erioed. Mae'r rhyngrwyd ei hunan fel llyfrgell anferth sy'n fwy o faint na holl lyfrgelloedd y byd wedi'u rhoi at ei gilydd. Yn wir, hon yw llyfrgell yr holl-fyd bellach, y gyntaf mewn hanes. Wrth i mi edrych y bore yma roedd 87 miliwn o dudalennau ar *Christ* a 15,700 ar Iesu Grist, sy'n cynnwys cannoedd o filoedd o luniau o fideos byr gyda miloedd yn cael eu hychwanegu'n ddyddiol gan bobl ar draws y byd, ac mae'n gyfrwng hynod ddemocrataidd. Gall unrhyw un fynegi ei farn ar safleoedd blòg heb reolaeth na sensoriaeth o unrhyw fath – 'rhydd i bawb ei farn, ac i bob barn ei llafar'. Hyn eto, efallai am y tro cyntaf mewn hanes. Gall person anfon negeseuon geiriol 'nôl a blaen yn *fyw* neu gynnal sgyrsiau dros webcam wyneb yn wyneb gyda phobl *hyd eithaf y ddaear* heb adael cartref.

Ein dyletswydd ni fel Cristnogion yw cydio yn y cyfrwng hwnnw a'i ddefnyddio i hyrwyddo'r Efengyl yn lleol yn ein gwlad ac ar draws y byd. Dyma mae eglwysi America yn ei wneud yn barod. Mae'r cyfrifiadur yn arf a roddwyd yn ein dwylo gan Dduw, a roddodd y gallu i'r gwyddonydd i'w greu. Nid yw'n ddigon da i ddweud: 'Does gen i ddim diddordeb mewn cyfrifiadur.' Dyma oedd meddylfryd y bobl a ddywedodd: 'Does gen i ddim diddordeb mewn car, mae cart a cheffyl yn iawn i mi.' Mae'n dipyn haws dysgu sut i ddefnyddio cyfrifiadur nag yw hi i ddysgu gyrru car, ac mae'n llawer llai peryglus!

Gellir defnyddio'r cyfrifiadur i gau'r bwlch sydd wedi agor rhwng y cenedlaethau, yn enwedig ym myd crefydd. Ond o'i anwybyddu bydd yn fodd i agor y bwlch yna ymhellach fyth.

Mae Karen Owen, Cynhyrchydd Rhaglenni Crefydd, Radio Cymru, yn awgrymu cau'r bwlch hwnnw rhwng yr hen soseieti brofiad ers talwm a'r set radio:

Y Seiat a'r Set Radio

Tybed a ydw i'n rhyfygu trwy awgrymu fod i gyfrwng radio elfennau tebyg i'r hen soseieti brofiad ers talwm? Mae'r seiat wedi hen beidio â bod yn y nifer helaethaf o eglwysi bellach, ac mae wedi gadael bwlch o ran rhannu profiad ac adnabyddiaeth bersonol nas llanwyd gan yr un gymdeithas na mudiad Cymraeg arall.

Ond mae i radio ddau brofiad eithafol sy'n cynnig peth tebygrwydd â'r seiat:

a) *Rhannu profiad*
Mae radio yn llwyddo yn amlach na pheidio yn well na'r teledu – a hynny am ei fod yn gosod gofyniad ar y sawl sy'n gwrando i wneud hynny'n union. Pan amddifedir 'gwylwyr' o lun mae'n rhaid clustfeinio a gwerthfawrogi pob gair. Mae'n rhaid i'r siaradwr, hefyd, sylweddoli fod geiriau'n gorfod gweithio'n galetach heb lun, a bod angen dewis y rheiny'n ofalus.

b) *Siarad uniongyrchol, un i un â'r gwrandawyr*
Dyma sy'n adlewyrchu orau natur ein cymdeithas unigolyddol bellach, a'r ffordd y mae'n well gan nifer dderbyn eu gwybodaeth yn unigol heb fod yn rhan o gymdeithas helaethach a heb fynychu cyfarfodydd ac oedfaon. Gall radio siarad yn uniongyrchol â phob un yn unrhyw le, yn y car, yn y gegin, yn yr ardd a'r garej – ac mae'r setiau radio modern yn caniatáu i loncwyr a cherddwyr mynydd fynd â'u rhaglenni efo nhw ac ailwrando yn unrhyw fan ar draws y byd trwy gyfrwng cyfrifiadur.

c) *Yr opsiwn o berthyn i rywbeth mwy na ni'n hunain*
Dyma rywbeth sydd yn prysur gael ei golli o'n heglwysi modern – sef y syniad ein bod ni trwy ffydd gyffredin yn perthyn i gymuned lawer iawn mwy. Popeth yn iawn dadlau o blaid rheidrwydd yr unigolyn i ddod i delerau â'r ffydd yn ei ffordd ei hun a dod i nabod Duw ar ei ddelw a'i ffurf ei hun. Ond nid unigolion ydan ni mewn gwirionedd. Mae credo yn dod â ni at syniad o gymdeithas fyd-eang o bobl debyg a chyfartal â ni.

> Felly pan glywaf i wrandawr radio yn cydganu un o emynau'r Oedfa neu'n cydadrodd Gweddi'r Arglwydd gyda'r gynulleidfa anweledig ar ei glustffoniau, mi fydda i'n gwenu'n dawel wrthyf fy hun, oherwydd, am ychydig funudau, mae'r gwrandawr hwnnw, trwy gyfrwng mor unigolyddol ar un wedd, yn rhan o rywbeth mwy nag ef ei hun, ac yn dewis ymuno yn y gymdeithas honno.

Dyma air o brofiad ac o farn gan bedwar sydd ar flaen y gad yn y genhadaeth Gristnogol yn y Gymru gyfoes, sy'n credu, fel Martin Luther yn yr unfed ganrif ar bymtheg a Billy Graham yn yr ugeinfed ganrif, fod y cyfryngau torfol yn rhodd Duw i'w defnyddio i ledaenu ei Air.

Ond, fel yn achos pob chwyldro a newid, dyw pawb ddim yn cytuno bod y cyfryngau hyn yn gymwys i gyflwyno neges yr Efengyl. Gofidiai Neil Postman fod argraffu wedi dirywio fel y cyfrwng dewisol ac amgenach i gyfathrebu. Yn ôl Postman, mae teledu'n troi crefydd yn ddim ond adloniant ac mae'n elyn i brofiad crefyddol dilys. Mae hefyd yn bur anfoddog fod pobl yn gwylio rhaglenni crefydd mewn lleoedd heb eu cysegru yn hytrach na theml neu synagog. Mae pobl yn gwylio sioeau crefyddol yn yr un ffordd ag y gwyliant unrhyw sioe neu ffilm – yn yr ystafell wely, y lolfa neu'r gegin. Mae Chris Arthur yntau yn tueddu i gefnogi safbwynt Postman, gan ddyfynnu William Kuhns, *The Electronic Gospel,* lle yr awgryma Kuhns, 'The Entertainment milieu has transformed the ways in which we believe and are capable of believing.'[19] Cred Kuhns ein bod yn gorddibynnu ar y cyfryngau ac o ganlyniad yn gwanhau ein gallu meddyliol, creadigol a chrefyddol gan dderbyn yr hyn a ddaw atom drwy'r cyfryngau yn gwbl ddifeddwl a diystyr. Mae'r Parchedig Tom Evans yn ei adolygiad o *Religion and the Media*, wrth drafod y fath ddibyniaeth ar y cyfryngau, yn ein hatgoffa: 'Cafwyd rhybudd o'r wedd hon yn natur a ffurf yr eglwys electronig yn yr Unol Daleithiau a natur cenhadaeth eglwysi o'r fath ar wledydd Ewrop a'r Trydydd Byd drwy gyfrwng teledu lloeren. Rydym yn byw mewn oes pan mae canran uchel o'n pobol yn credu'r hyn a ddaw allan o enau'r teledu.'[20] Mae Neil Postman yn mynegi hyn yn gryfach fyth pan ddywed: 'Television's strongest point is that it brings personalities into our hearts, not abstractions into our heads ... Jimmy Swaggart plays better than God.'[21]

Ac eto, os yw'r Eglwys am gyrraedd allan tu hwnt i'w muriau, onid oes raid iddi wneud defnydd o'r cyfryngau a'r diwylliant y mae'n byw ynddynt? Onid oes yma gyfle gwych iddi gysylltu â hwy? Mae gan dros 90 y cant o drigolion Prydain set deledu – mae gan bawb bellach gyfle i weld a gwylio. Er bod peth gostyngiad yn nifer y darllenwyr papurau newydd, eto mae cylchrediad y *News of the World* (4.1 miliwn), *Y Sun* (3.5 miliwn), a'r *Daily Telegraph* (1 filiwn) yn *sylweddol*. A all yr Eglwys fforddio anwybyddu'r fath gyfle i genhadu ac i gyfathrebu â phobl sydd wedi'i gadael?

Tybed ai llwybr canol fyddai defnyddio'r cyfryngau i greu deialog neu i gysylltu'n greadigol mewn trafodaeth yn hytrach nag yn syml fel cyfrwng i hyrwyddo dogma: mae modd ailddarganfod y golwg Cristnogol ar y byd o fewn diwylliant cerddoriaeth bop, operâu sebon, newyddion a materion cyfoes. Ond hanfod deialog yw'r parodrwydd i gofleidio'r arall, i oddef a bod yn barod i gael ein gweld gan rai yn gwbl amherthnasol oherwydd ein bod yn ymwneud â gwerthoedd amhoblogaidd neu'n torri tabŵau poblogaidd.

Cawn gyfle i ddatblygu'r syniadau hyn yn y penodau sy'n dilyn.

BRASLUN HANES Y CYFRYNGAU

1200 CC	**1000 CC**	**167 CC**	**OC 100**	**OC 1500**	**OC 1700**	**OC 1900**
Cyflwyno ysgrifennu'r Deg Gorchymyn	Iafeydd / Elohydd yr Israel Darllen llaw-ysgrifau'n gyhoeddus: Deuter-onomium	Dienyddio Iddewon â chopi o'r Tora yn eu meddiant: Antiochus Epiphanes	Cristnogion yn mabwysiadu meddylfryd a dulliau dehongli yn seiliedig ar lawysgrifau	Dyfeisio argraffu: Protestaniaid yn mabwysiadau print a'i feddylfryd	Datblygu darllen yn dawel: datblygu beirniadaeth hanesyddol	Dyfeisio a lledaenu defnydd cyfryngau electronig

Pennod 2

DYDDIAU CYNNAR DARLLEDU

Ni fu erioed ddegawd hafal i ddauddegau'r ugeinfed ganrif am ei chwyldroadau. Gadawodd y 'Rhyfel Mawr' ei ddylanwad yn drwm ar ddyn a'i gymdeithas. Bu'n rhyfel maith a chreulon ac, fel pob rhyfel, fu dim byd yn hollol yr un fath ar ei ôl. Fe deimlid seiliau a fu mor gadarn mewn byd ac eglwys yn dechrau gwegian. Cefnodd y genhedlaeth iau ar Ryddfrydiaeth Lloyd George, a fu â'r fath afael ar y wlad, a chofleidio'r efengyl Sosialaidd. Ond nid rhyw fater o droi côt wleidyddol yn unig ydoedd ond symud teyrngarwch o'r capel i'r Mudiad Llafur. Teimlai'r bobol ifanc hyn fod crefydd eu tadau yn ofni baeddu'i dwylo i geisio newid cymdeithas anghyfiawn. Credent yn angerddol y dylent gynnal streiciau a hawlio gwell cyflog ac amodau byw amgenach. Dyma ddegawd streic hirfaith y chwarelwyr yn erbyn yr Arglwydd Penrhyn. Streiciodd glowyr y de hefyd. Cyrhaeddodd yr anniddigrwydd ei eithaf yn Streic Gyffredinol 1926. Bu ymateb yr Eglwys i'r streiciau hyn yn achos cryn ymrannu ymhlith yr aelodau a gwelwyd yr ifanc yn cefnu tra credai'r to hŷn ac arweinwyr eglwysig na ddylai aelod o'r eglwys atal ei lafur na bod yn amharchus o'i feistr ac, yn siŵr, na ddylai aelod eglwysig dorri'r gyfraith i fynnu gwell amodau byw.

Digwyddiad arall o gryn bwys yn y ddegawd hon fu 'Datgysylltiad' yr Eglwys Wladol. Bu cryn anghydfod drwy'r blynyddoedd rhwng yr Ymneilltuwyr a'r Eglwyswyr ar gyfrif eu breintiau. Bu'r datgysylltiad yn rhyw fath o dynnu'r mat oddi tan draed yr Ymneilltuwyr a welodd fod ganddynt ddigon o anghydfod ar eu haelwyd eu hunain o ran ymrannu gwleidyddol a diwinyddol. Yr oedd y pwyslais diwinyddol wedi cyrraedd pwynt pur ryddfrydol erbyn canol y dauddegau, gan fynnu bod raid cymhwyso'r Efengyl at broblemau'r dydd. Mae amryw'n dyddio'r dirywiad crefyddol yng Nghymru i'r cyfnod arbennig hwn yn nauddegau'r ugeinfed ganrif, er bod rhai yn dal y cychwynnodd y dirywiad cyn diwedd degawd gyntaf y ganrif. Pryd bynnag y bu'r dechrau, gwyddom i'r capel ymneilltuol a'r llan beidio â bod yn brif ganolfannau cymdeithasol ardaloedd cefn gwlad Cymru erbyn canol dauddegau'r ganrif. Dyna pryd y torrodd ar donfeddi'r awyr am y tro cyntaf erioed y rhyfeddod a elwid yn 'weiarles'. Mae'r ymateb i'r cyfrwng technolegol hwn wedi penderfynu patrwm crefydd yng Nghymru er canol yr ugeinfed ganrif. Tybed a fu chwyldro mwy yn hanes y grefydd Gristnogol na'r cyfrwng yma? Mae'n bwysig cofio ansawdd ac amgylchiadau'r Eglwys ar y pryd. Bu i sefyllfa gymdeithasol y dydd beri i'r Eglwys fod yn ansicr o'i chenhadaeth. Nid rhyfedd i arweinwyr crefyddol y dydd fod yn amheus iawn o'r cyfrwng dieithr hwn a oedd yn ennill poblogrwydd eithriadol. Teimlent fod y dieithr-beth newydd yn tresbasu ar eu tiriogaeth hwy. Ond i eraill, tu mewn a thu allan i'r Eglwys, yr oedd y 'weiarles' yn gyfrwng newydd sbon i gyrraedd ac i genhadu i bobl yn bell ac agos – fu'r fath botensial erioed! Mae gan Kenneth Wolfe gartŵn awgrymog iawn i ddangos cefnogaeth rhai i'r 'capel newydd'. Darlun o wraig fonheddig yn holi darpar-forwyn yw'r cartŵn, ac yn holi yn ôl arferiad yr oes: 'Do you belong to the Church of England?' Atebodd y ferch yn gwbl ddibetrus: 'My father goes to chapel, but personally I'm wireless.'[22] Oni chafodd Ayotollah Khomeini lwyddiant yn cadw'i awdurdod a'i bresenoldeb yn Iran yn ystod blynyddoedd ei gaethiwed trwy gyfrwng casetiau sain i gyhoeddi ei bregethau? Mae hyn yn wir am grefyddau mawr y byd yn cyflwyno'u syniadau a'u gwerthoedd trwy ddefnyddio'r amrywiol gyfryngau electronig.

Ond beth bynnag fu'r gwrthwynebiad neu'r croeso gan yr Eglwys i'r cyfrwng newydd, mae'n ddiddorol sylwi nad awydd y bobl i gael eu goleuo, a'u dysgu, a'u difyrru, nac ychwaith ymchwil yr Eglwys am gyfrwng mwy effeithiol i genhadu, a fu'n gyfrifol am ddod â'r dechnoleg newydd hon inni. Yn hytrach, awydd angerddol dyfeiswyr a pheirianwyr y ddyfais hon i'w hysbysebu a'i gwerthu. Rhyw ffactorau cwbl faterol a wthiodd hon ar y bobl. Pwy fyddai fyth yn cysylltu technoleg o'r fath â'r genhadaeth Gristnogol, heb sôn am ei defnyddio fel arweiniad i addoli? Gan fod y teliffon dan reolaeth y Swyddfa Bost gwelwyd darlledu fel cyfrwng newydd i chwyddo elw'r gorfforaeth honno. Rhoes y Wireless Telegraphy Act 1904 awdurdod i'r Post-feistr Cyffredinol ganiatáu trwyddedu i benboethion y weiarles.

Yn ôl John Davies, rydym yn ddyledus i ddau Gymro arall hefyd: Moses Griffiths, trydanwr o Gaergybi a gyhoeddodd draethawd yn ymdrin â phosibiliadau darlledu, a hynny mor gynnar â 1868; a David Hughes, Cymro o'r Bala, a gafodd batent ar feicroffon yn 1878.[23] Tybed ai Marconi fu'r arloeswr mewn darlledu wrth iddo drosglwyddo ac anfon negeseuon o Lavernock i Flatholm heb weiren?

Bu raid aros hyd Wylnos Nadolig 1922 cyn y clywyd yr anerchiad crefyddol cyntaf 'ar yr awyr' gan reithor Whitechapel yn Llundain. Yr oedd y rheithor hwnnw'n ymwybodol iawn o'r achlysur hanesyddol. 'Rwy'n cyfarch mwy o gynulleidfa'n awr,' meddai, 'nag a gafodd yr Apostol Paul drwy'i oes, a hynny heb weld fy nghynulleidfa!' Fe synhwyrai'r byd a'r betws fod pennod newydd mewn cyfathrebu wedi'i hagor, a fyddai pethau fyth yr un fath yn y byd hwnnw wedyn.

Ymhen y mis, ar 13 Chwefror 1923, fe gyhoeddodd Arglwydd Faer Caerdydd, Dr J. E. Biggs, fod yr orsaf radio gyntaf yng Nghymru ar agor ac y dygid y ffurf uchaf ar ddiwylliant i holl gartrefi'r wlad.[24] Yn nyddiau cynnar y weiarles meddylid amdani'n bennaf fel cyfrwng i hyrwyddo'r genhadaeth Gristnogol a chyflwyno moesau amgenach. Pa ryfedd, o gofio fod John Reith, Cyfarwyddwr y BBC, yn Bresbyter hynod o ysbrydol ei anian.

Maer Abertawe, John Lewis, a gafodd y fraint o ddarlledu yn Gymraeg am y waith gyntaf. Manteisiodd y maer ar y cyfle i estyn gwahoddiad cynnar i'r genedl i'r Eisteddfod Genedlaethol yn Abertawe ym 1926! Aeth ymlaen i ddweud gyda rhyfeddod gymaint o ddylanwad fuasai John Elias o Fôn a Christmas Evans pe baent hwy wedi cael y cyfrwng arbennig hwn i gyfarch y genedl gyfan mewn un oedfa.[25] Mae'n ddiddorol sylwi mai fel cyfrwng cenhadu y gwelai yntau'r ddyfais hon. Yn wir, gwelai rhai arweinwyr eglwysig y byddai Teyrnas Dduw wedi ei sylweddoli ar y ddaear ymhen dim o dro, dan ddylanwad rhyfeddol y ddyfais newydd. Holai eraill yn fwy petrus, gan ddyfalu, beth a allai hyn fod? Mae sawl stori a hanesyn doniol a diddorol yn ymateb pobol i'r mediwm newydd. Pan alwodd Archesgob Caergaint, Randall Davidson, i ginio gyda John Reith i wrando'r weiarles, fe'i cyfareddwyd yn llwyr. Mynnai gwraig yr Archesgob eu bod yn agor ffenestri'r tŷ fel y gallai pawb o'r tu allan wrando. Cafodd y gwrando dros y cinio hwnnw gryn ddylanwad ar Davidson nes iddo, ym mis Mai 1923, alw arweinwyr eglwysig at ei gilydd – Eglwys Loegr, yr Eglwysi Rhyddion a'r Pabyddion – am gyfarfod yn ystafell yr Archesgob yn Nhŷ'r Arglwyddi. Dyma'r Pwyllgor Ymgynghorol cyntaf ar ddarlledu crefyddol, mae'n debyg. Trafodwyd y priodoldeb o gael elfen grefyddol gref mewn darlledu ac y dylid sicrhau cynrychiolaeth o'r farn Gristnogol yn y wlad i fod yn bont rhwng yr eglwysi a'r BBC. Penderfynwyd ar bwyllgor o 29 o aelodau, yn cynnwys saith esgob ac arweinwyr yr eglwysi eraill a phump lleygwr. Dyma'r pwyllgor a adwaenid fel CRAC. Mae Kenneth Lamb yn ein hatgoffa ei bod yn anodd cael cytundeb rhwng croestoriad o syniadau, rhai ohonynt yn hynod naïf. Bu i Ddeon Westminster wrthod caniatâd i ddarlledu priodas Dug Efrog yn 1923 oherwydd y credai na fyddai'n briodol nac yn barchus i bobl mewn tafarndai a'u hetiau a'u capiau am eu pennau wrando ar wasanaeth crefyddol,[26] enghraifft sy'n adlewyrchu awyrgylch grefyddol y cyfnod pan oeddynt yn ceisio cyflwyno cyfrwng newydd a gwahanol i ddarlledu neges yr Efengyl.

Ond er pob anhawster o bwys a rhai di-bwys fe agorwyd cyfnod newydd yn niwylliant Prydain gydag effaith a dylanwad y cyfrwng newydd o ddarlledu. Yr oedd cryn frwdfrydedd gan rai ac awydd angerddol i gysylltu pob pulpud i'r dechneg wyrthiol hon. Cofnoda'r *Daily Telegraph* yng Ngorffennaf 1922 sylw fel hyn gan weinidog o Peckham: 'Rwy'n siŵr y bydd y cyfrwng hwn yn werthfawr anghyffredin i ddwyn yr Efengyl i dai pobl, a hynny i gynifer o dai.' Pwysleisiai John Reith ei bod hi'n bwysig iawn darlledu gydag un llais ac nid gwneud y cyfrwng yn rhydd i bawb. Yr oedd gan Reith ei amheuon, serch hynny, oherwydd bod yr Eglwys yn gyndyn o gyflwyno Cristnogaeth ymarferol i broblemau'r byd. Yr oedd Reith yn enaid hynod ysbrydol a chanddo weledigaeth glir am ddarlledu crefyddol. Mae ei ddyddiadur yn frith o gofnodion fel hyn: 'Rwy'n awchu am drosglwyddo o'r pulpud, y seddi a'r gair printiedig dân yr ysbrydiaeth sy'n llosgi o'm mewn.' Cytunwyd yn eithaf unfryd gan y Cyngor ar Ddarlledu y dylai'r weiarles adlewyrchu a chynnal y traddodiadau crefyddol a chredent mai ei rôl bwysicaf oedd cynnal ac atgyfnerthu moesoldeb a chefnogi syniadau Cristnogol. Yr oedd dwy eglwys Anglicanaidd wedi'u gwifrennu'n bwrpasol ar gyfer darlledu – Eglwys y Santes Fair yn Abertawe a Saint Martin in the Fields yn Llundain.

O orsaf ddarlledu yn Abertawe y darlledwyd yr oedfa bregethu Gymraeg gyntaf erioed, a hynny ar 22 Chwefror 1925,[27] gan y Parchedig R. S. Rogers, gweinidog y Bedyddwyr yng Nghapel Gomer. Ar Ddygwyl Dewi 1925 fe bregethodd Elfed yn hynod o rymus o'r stiwdio yn Abertawe. Byddai rhywun yn disgwyl y byddai achlysuron hanesyddol o'r fath yn hawlio sylw'r cylchgronau enwadol i gyd ac y byddai pob enwad yn brysio i longyfarch y Bedyddwyr a'r Annibynwyr am yr oedfaon. Ond ni cheir yr un cyfeiriad at oedfa R. S. Rogers yn unrhyw gylchgrawn enwadol. Does yr un gair yn *Y Goleuad, Y Tyst, Yr Eurgrawn* na'r *Llan.* Y *Cambria Leader* (24 Chwefror 1925) yn unig o'r papurau dyddiol a gyfeiriodd at yr oedfa, mewn cofnod byr. Yr unig gyfeiriad a gawn ni yn *Seren Cymru,* cylchgrawn wythnosol y Bedyddwyr, yw cadwyn o gerddi dychanol gan un o'r enw 'Rhandir':

R.S. a'i traddodai i filoedd ei dref,
A neges y proffwyd yn glir yn ei lef;
Y dorf anweledig ddiolchai am hyn
A'r claf ar ei wely addolai yn syn.

Disgwyliwn i'r gennad i ofyn yn sen
O'i lwyfan guddiedig – Pa le mae'r Amen?
Ac yna, 'nôl arfer ar ôl pregeth fawr –
Ewch frodyr o amgylch i gasglu yn awr.

Efengyl y Deyrnas – mor agos ddaeth hi –
Lledaenir hi heddiw hyd bentan fy nhŷ,
Pa ddiben mynd mwyach i gapel am gwrdd?
Pan ellir crefydda drwy linyn ar fwrdd.

Pob parch i'r gwyddonydd ddyfeisiodd fath fraint,
Ond gwell gennyf eto hen oedfa y saint;
A chlywed pregethwr o'i bulpud ei hun
A'i wyneb yn gloywi y Gair ar ei fin.

Bu'r ymateb llugoer i'r oedfa arbennig hon gan arweinwyr crefyddol y cyfnod yn brawf nad oedd rhyw lawer o groeso i'r pulpud newydd. Bu dadlau yn llysoedd y gwahanol enwadau y byddai gwasanaethau crefyddol ar y diwifr yn siŵr o ddwyn y gynulleidfa a gwacáu y capeli – 'Pa ddiben mynd mwyach i gapel am gwrdd?' Roedd dyfais wyddonol o'r math yn sawru o'r dieithr a'r newydd na fyddai'n gydnaws â rhywbeth mor gysegredig â phregethu ac addoli. Yr oedd hi'n taro'n groes i'r graen rhywfodd y câi pob Dic, Twm a Harri wrando'r Efengyl heb gymaint â newid i ddillad Sul na chymaint â chau ei lygaid na phlygu'i ben tra gweddïai'r gweinidog. Ac yn waeth na dim roedd y rhain yn cael pregeth dda yn rhad ac am ddim, heb roi yr un ddimai goch y delyn yn y casgliad! Yr oedd popeth yn iawn i fynd â'r Efengyl i dlodion draw dros y môr ond nid yma yng Nghymru lle y ceid ym mhob ardal le i addoli. Gwelai arweinwyr y gwahanol enwadau crefyddol wir fygythiad i'w cyfundrefnau.

Ond, beth bynnag oedd syniad yr arweinwyr hyn am y cyfrwng newydd, yr oedd *Oedfa'r Bore* yn ennill ei phlwyf a'i chynulleidfa, a hi oedd rhaglen fwyaf poblogaidd y BBC, ynghyd â chanu cynulleidfaol. Cyfeiriwyd eisoes at ddirywiad crefyddol y dauddegau, eto roedd gan y werin gryn archwaeth am bregeth. Sefydlwyd Cymanfa Bregethu Rhoshirwaun yn Llŷn yn 1923 gyda phum pregethwr o'r pum enwad yn pregethu deg o bregethau rhyngddynt am ddeuddydd! Byddai cwmni Crosville yn trefnu bysiau wedi oedfa nos Fercher a nos Ddifia i gludo'r gynulleidfa i Aberdaron, Nefyn, Pwllheli a Fourcrosses, a cheid gwasanaeth patrol yr RAC a'r AA i gyfarwyddo'r traffig. Doedd dim yn apelio'n fwy at werin Cymru yn y cyfnod rhwng y ddau Ryfel Byd yn y ganrif ddiwethaf na phregeth dda. Brysient o oedfa'r capel neu'r eglwys ar fore Sul i wrando ar bregethwr arall ar y 'bocs'. Rwy'n cofio ar fore Sul yn yr haf fod pob drws ffrynt ar agor a llond y stryd o bregethu! Yn y dauddegau fe gynhelid gwasanaeth crefyddol ar bob aelwyd, bron, yn enwedig yn y ffermydd – dyma'r 'Allor Deuluaidd' a fu mor boblogaidd. Yr oedd hi'n weddol hawdd cynnau tân ar hen aelwydydd pan ddaeth gwasanaeth y weiarles. Ac onid yn y cartrefi y sefydlwyd eglwys y Testament Newydd, chwedl Paul: 'Ac at yr eglwys yn dy dŷ di?' Tybed a oedd awydd i'w symud oddi yno? Gwyddom, fodd bynnag, fod canran uchel iawn o bobl cefn gwlad yn mynychu oedfa o addoliad ar nos Sul. Rwy'n cofio holi cymeriad o Walchmai am hynt a helynt y potsiars 'slawer dydd. Mi ddywedodd yr hen frawd mai nos Sul oedd noson orau'r potsiar oherwydd byddai pawb ond y gwael a'r methedig yn y capel ar nos Sul! Yr oedd lle a chroeso i'r bregeth – boed Sul, gŵyl neu waith – yng Nghymru ers talwm. I'r rhelyw o'r bobol, doedd oedfa'r weiarles yn ddim ond estyniad i'w cyfleusterau crefyddol.

Rwy'n cofio mor ddiweddar â phedwardegau'r ganrif ddiwethaf fel y byddai Robin fy mrawd a minnau, wedi inni orffen dyletswyddau bore Sul ar y ffarm, yn galw heibio i dyddynnwr ar y terfyn i ddisgwyl cinio. Dyn dŵad oedd Moses i Dŷ'n Rhos a byddai Ceturah yn ei atgoffa o hynny yn rhy gyson o lawer yn nhyb Mos. Eisteddem yn dri ar y setl i wynebu'r tân, gan sgwrsio'n ddiddan a rhoi'r byd yn ei le tan y Sul nesaf. Deuai Ceturah i dorri ar y mwynhad gyda'i llais uchel, gwichlyd – llais a oedd yn gwahodd ffrae, yn ôl Moses. 'Mae hi'n amser "oedfa'r bora", ac mae Mam isio ymuno â'r gwasanaeth,' meddai. Catrin Parry oedd y fam, a mam-yng-nghyfraith Moses, fel y'n hatgoffwyd yn gyson! Dyna lais treiddgar pregethwr yn llenwi'r tŷ a thrwy ddrws y siambr. Yr oedd Catrin Parry yn orweiddiog ers blynyddoedd lawer, a byth yn codi. Yn gwbl wahanol i'r fam a'r ferch, doedd gan Moses Williams ddim rhyw lawer i'w ddweud wrth grefydd, wel *dim* a dweud y gwir. Tra oedd y gynulleidfa anweledig yn morio canu, ymaflodd Mos yn y sgwrs a'r ddau was ffarm yn ymuno'n harti. Gwahoddodd y pregethwr ni i gyd-weddïo ond chymerodd y tyddynnwr ffraeth mo'r sylw lleiaf o'i gais. Ar hyn dyna lais uchel, basaidd o gyfeiriad y siambr: 'Moses Williams, caewch eich ceg, caewch eich llygaid a phlygwch eich pen.' Ufuddhaodd triawd y setl ac aeth aelwyd Tŷ'n Rhos yn addoldy ar amrantiad.

Doedd cais Catrin Parry ddim yn afresymol nac yn annaturiol, hyd yn oed ym mhedwardegau'r ganrif ddiwethaf. Byddai teuluoedd yn eistedd yn ddigon defosiynol drwy oedfa'r weiarles, ac eithrio'r fam yn cadw llygad ar y cinio ac yn symud yn dawel o fan i fan fel pe bai hi ofn i'r pregethwr yn y bocs ei galw i gyfrif. Mi fyddai addoliad oedfa'r bore yn adlewyrchu'r bywyd crefyddol Cymreig a bu'n gyfrwng hynod effeithiol a bendithiol i'r gwael, yr oedrannus a'r methedig. Nid yn unig bu'r weiarles yn gyfrwng bendithiol i'r rhai hyn na allent ddilyn gwasanaethau'r capel neu'r eglwys, bu'n gaffaeliad da i'r plant hefyd. Cafwyd gwasanaethau crefyddol addas i blant, a hynny yn Gymraeg. O gofio mai ychydig o blant Cymru a fedrai ddilyn gwasanaethau yn Saesneg yn nauddegau'r ganrif ddiwethaf roedd y gwasanaethau hyn yn gyfraniad bendithiol iawn. Yr oedd llawer o'r diolch i Edgar Jones, cynhyrchydd Cymreig y BBC, a fynnai fod y Gorfforaeth yn adlewyrchu'r bywyd crefyddol

Cymreig. Fe wnaeth gymwynas fawr drwy gyfieithu'r Llyfr Gwasanaeth, *New Every Morning*, i'r Gymraeg. Eto, bu cryn feirniadu ar y gwasanaethau Cymraeg hyn gan yr Eglwys Esgobol. Cyhoeddodd *Y Llan* feirniadaeth lem ar y rhaglenni crefyddol Cymraeg, nid am eu hansawdd ond oherwydd eu bod yn Gymraeg.[28] Yr oeddynt, yn ôl *Y Llan,* yn achwyn yn arw am fod cynifer o gynhyrchwyr y rhaglenni Cymraeg yn Anghydffurfwyr rhonc. Ond roedd hon yn feirniadaeth annheg iawn gan fod y galw am raglenni crefyddol Cymraeg mor uchel. Y ffaith hon fu'r prif elfen yn yr ymgyrch dros gael rhanbarth Gymraeg ar wahân gyda'i thonfeddi ei hun. Yn nhermau gwrandawyr, y gwasanaeth crefyddol ar fore Sul oedd yn denu'r gynulleidfa fwyaf o ddigon yng Nghymru.

Ar wahân i *Oedfa'r Bore*, yr oedd canu emynau cynulleidfaol Cymraeg yn hynod o boblogaidd hefyd. Fe ddywedodd un gohebydd, mewn ymffrost: 'Some folks are drunk on beer, but I gets proper drunk on hymn singing.' Yr oedd hwn yn fath arbennig o ddarlledu ac yn gwbl wahanol i gyngerdd. Yr oedd Cymanfa Ganu yn achlysur unigryw pan gâi'r gynulleidfa, pob un ohonynt, berfformio ynddo.[29] Yn ychwanegol, fe geid hefyd wasanaeth Cymraeg bob bore Mercher – *Pob Bore O Newydd*, o gyfieithiad Edgar Jones o *New Every Morning*. Mae John Davies yn ein hatgoffa am raglenni Cymraeg na chyfrifir hwy'n rhai crefyddol ac eto rywfodd mae ynddynt ryw ias grefyddol. Fel y gallasem ddisgwyl, roedd pob rhaglen drafod, sgyrsiau a drama ddogfen yn siŵr o ymwneud â themâu a oedd yn lled-grefyddol. Yr oedd y dramâu Saesneg eu hiaith yn llawer mwy seciwlar na'r rhai Cymraeg. Yr oedd y dramodydd Cymraeg, ganol yr ugeinfed ganrif, yn awyddus iawn i foesoli a phregethu ar bob cyfle a gâi. Yn y dauddegau y Brodyr Francis o Ddyffryn Nantlle oedd sêr pop gogledd Cymru, yn siŵr. Mae'n debyg mai nhw, gyda Madam Gwladys Williams, a roddodd y cyngerdd llawn cyntaf a ddarlledwyd yn Gymraeg, ar 4 Mawrth 1927. Byddai W. S. Gwynn Williams yn darganfod cerddorion talentog ac yn eu cyflogi i ddarlledu yn Gymraeg yn gyson o Ddulyn.[30] Yn ôl y *Daily Post* (11 Chwefror 1927) yr oedd Seamus

Clandillon yn ddyledus iawn i Gwynn Williams am gyflenwi gofynion ei orsaf yn Nulyn. Yr oedd y Brodyr Francis ymhlith goreuon sêr Gwynn Williams. Bu cyfraniad Cymraeg yr orsaf hon o Iwerddon yn symbyliad buddiol i'r ddadl dros orsaf Gymraeg i ogledd Cymru pan agorwyd stiwdio ym Mangor, ym mis Tachwedd 1935, a sicrhau cartref i'r enwog Sam Jones. Ond er cymaint archwaeth y Cymro am ganu ac am ddrama, heb os, y bregeth Gymraeg a fyddai ar dop ei fwydlen ddiwylliannol a chrefyddol.

Y Brodyr Francis

O sôn am Sam Jones, byddai ef yn ei afiaith yn adrodd y stori honno am ddarllediad yr oedfa bregethu o'r hen Bafiliwn yng Nghaernarfon ym mis Ebrill 1938. Mae'r oedfa honno'n oedfa hanesyddol, a pha ryfedd o gofio'r pregethwr a rhai o'i gynulleidfa. Trefnodd y Bedyddwyr i gyplysu dathlu canmlwyddiant marw Christmas Evans â'u Cymanfa a oedd i'w chynnal yng

Stiwdio Gorsaf Gweriniaeth Iwerddon, Dulyn, 4 Mawrth 1927
Rhes gefn (o'r chwith): Owen Francis, Bob Owen (eu cyfeilydd), Griffith Francis ...
Rhes flaen (o'r chwith): Seamus Clandillon (Prif Gyfarwyddwr yr Orsaf),
Madam Gwladys Williams (Y Bala), D. S. Gwynn Williams, Aelodau o'r Gerddorfa.

Nghaernarfon ar y noson. Yr oedd yr oedfa bregethu, a oedd yn rhan o'r dathlu, i'w darlledu, ac fe ychwanegodd hynny at arbenigrwydd yr achlysur. Yr oedd yr Hybarch Jubilee Young a Lloyd George i rannu'r oedfa, a dyna ernes o oedfa fawr! Cynlluniwyd rhaglen o dri chwarter awr, o chwarter wedi wyth hyd naw o'r gloch. Wedi deg munud cwta o wasanaeth arweiniol cododd y gwleidydd i annerch y dorf am bum munud ar hugain wedi wyth a bu wrthi hyd ddeng munud i naw, gan adael deng munud i'r pregethwr. Synhwyrodd Sam Jones na fyddai deng munud o amser yn ddigon i Jubilee ddechrau cynhesu heb sôn am godi stêm! Yn ei benbleth (a byd o benbleth yw amseru darlledu!) fe ffoniodd Sam Jones Rhys Hopkin Morris, Cyfarwyddwr Rhanbarthol Cymru, i ofyn am gyfarwyddyd, a oedd i dorri Jubilee Young yn fyr ai peidio? Daeth yr ateb yn ôl: 'I'm listening. And if you cut Jubilee Young I'll sack you.' Dyna'r parch a'r lle a oedd i bregethwr ac i bregeth ar ddiwedd tridegau'r ganrif ddiwethaf. Tybed beth fyddai wedi digwydd pe bai Jubilee wedi pregethu gyntaf? A fyddai wedi caniatáu digon o amser i Lloyd George a phe na byddai, a fyddai swydd Sam Jones mewn perygl pe bai wedi torri'r gwleidydd yn fyr?[31] Gorffennodd Jubilee Young ei bregeth rhyw ddeng munud wedi deg o'r gloch a chlywyd pob gair ohoni ar y radio. Collwyd y bwletin naw am y tro cyntaf erioed, yn ogystal â'r ddwy raglen oedd yn dilyn, digwyddiad hynod o anghyffredin yn hanes darlledu – pregethu grymus yn chwalu patrwm rhaglenni'r BBC ond heb siomi neb yng Nghymru!

Ni fu'r Parchedig Gerson Davies, gweinidog efo'r Bedyddwyr ym Methel, Caergybi, mor ffodus â'r seraff o Lanelli i gael estyniad i'w oedfa. Y Parchedig John Owen Jones, trefnydd Rhaglenni Crefyddol y BBC, a ofalai am y darllediad hwnnw o Fethel. Yr oedd Gerson Davies yn bregethwr reit danllyd a chlywai rhai dinc o Jubilee Young yn ei lais trwm. Yr oedd Edgar Lewis, sy'n ddiacon ym Methel, yn bresennol yn yr oedfa honno. Mae'n cofio brawddeg gyntaf y gweinidog wedi iddo godi ei destun: 'Fe saif hwn ar bob pulpud wrth ochr y Beibl – ia, y Llyfr Emynau, ac o'r llyfr hwnnw yr ydw i am godi 'nhestun y bore yma: "Gad im deimlo awel o

Galfaria fryn" ' – un o emynau mawr Pantycelyn. Aeth yr oedfa yn ei blaen yn ddigon hwylus, ac roedd tymheredd y pregethwr yn amlwg yn codi'n gyflym. Daeth yr awel yn llythrennol i Fethel y bore hwnnw. Synhwyrodd John Owen Jones, trefnydd y darllediad, fod y pregethwr wedi torri'n rhydd o hualau *amser* ac, o gofio ei fod yn ddarllediad byw, amser oedd y factor pwysicaf un. Fel y tynnai'r cloc i ben yr awr, yr oedd y trefnwyr a'r holl gynulleidfa'n ymwybodol iawn o'r sefyllfa. Yr oedd priod y gweinidog mewn cymaint gwewyr â neb. Yn wir, fe safodd Mrs Davies ar ei thraed gan blethu ei breichiau ond, yn anffodus, tybiodd y pregethwr mai arwydd oedd hynny iddo gadw'r momentwm i fyny! Synhwyrodd y trefnydd mai ei gyfrifoldeb ef, wedi'r cwbl, oedd dirwyn yr oedfa i'w therfyn ar ben yr awr a rhoi lle i raglen arall. Roedd hi'n amlwg fod yr 'awel' wedi codi'r pregethwr uwchlaw pethau dibwys felly. Mewn chwinciad roedd John Owen Jones yn sefyll y tu ôl i'r pregethwr yn y pulpud yn estyn ei fraich o'i gylch er mwyn dangos ei wats dan ei drwyn. Rhwng popeth disgynnodd y geiniog a distawodd y pregethwr, a bu tawelwch mawr. Er mai'r 'awel' o emyn Pantycelyn a fu'n gyfrifol am y bregeth faith honno doedd dim amser i'w chynnwys yn glo i'r oedfa. Yr oedd yr awyrgylch grefyddol wedi newid gryn dipyn mewn chwarter canrif; doedd wiw i neb roi estyniad i bregethwr er cryfed yr awel. Erbyn dechrau'r chwedegau roedd y bregeth yn dechrau colli'i hapêl, hyd yn oed yn sir Fôn!

Heb os, yn nhermau poblogrwydd a gwrandawyr, rhaglen *Oedfa'r Bore* oedd y ffefryn gan gynulleidfa Gymraeg. Ac fel y cyfeiriwyd eisoes, y galw taer am wasanaethau crefyddol Cymraeg ar y Sul fu'r prif gyfrwng yn yr ymgyrch i gael Adran Gymraeg gwbl ar wahân gyda'i thonfedd ei hun. Yr oedd Llundain wedi gosod patrwm enwadol i ddarlledu gwasanaethau crefyddol: mewn cylch o chwe gwasanaeth yr oedd tri i fod yn Anglicanaidd, dau yn Anghydffurfiol ac un yn Babyddol. Yr oedd y fath fformiwla'n gwbl annerbyniol yng Nghymru. O'r deunaw gwasanaeth Cymraeg a ddarlledwyd yn ystod chwe mis cyntaf 1939, yr oedd pump gan y Methodistiaid Calfinaidd, pedwar yr un gan y Bedyddwyr a'r

Annibynwyr, tri gan yr Eglwys yng Nghymru a dau gan y Wesleaid. Dyna'r fformiwla, yn ôl y Cyngor Eglwysi, a oedd yn adlewyrchu'r patrwm yng Nghymru, yn wahanol i'r hyn a oedd yn Lloegr.

Fe gâi *Oedfa'r Bore* sylw mawr gan y wasg ym Môn. Rhoddai'r *Cloriannydd,* papur wythnosol sir Fôn, sylw a hysbýs teilwng iawn i bob pregethwr o'r ynys a bregethai ar y weiarles. Yr oedd E. O. Jones yn olygydd llwyddiannus iawn ac yn graff ei grebwyll o archwaeth pobl Môn. Yr oedd y Parchedig H. D. Hughes, gweinidog Disgwylfa, Caergybi, i bregethu ym mis Hydref 1934. Yn y rhifyn o'r *Cloriannydd* wythnos cyn y darlledu, cyhoeddwyd llun mawr o gapel Disgwylfa, un o gapeli harddaf Cymru. Ar yr un dudalen yr oedd llun o'r gweinidog, H. D. Hughes, gweinidog a phregethwr gyda'r mwyaf poblogaidd ar yr ynys. Gan fod pob aelwyd Gymraeg ym Môn yn derbyn y *Cloriannydd* yr oeddynt yn disgwyl am *Oedfa'r Bore* y Sul dilynol. Fe gaed adroddiad llawn a manwl o'r oedfa yr wythnos wedyn, gan gynnwys y bregeth yn llawn. Enwyd y codwr canu, R. H. Hughes, a'r organydd, Emlyn Thomas. Yr oedd gan y *Cloriannydd* ohebydd arbennig i godi pob sillaf o'r oedfa a châi sedd fanteisiol yn y capel. Yr oedd pob sedd yn y llofft ac ar lawr yn llawn ymhell cyn amser dechrau. Adroddodd parti o blant o'r capel Salm 67 yn effeithiol i ddechrau'r oedfa. Yn ôl y gohebydd, fe deimlid rhyw naws ryfeddol yn y gwasanaeth, y teimlad fod y byd i gyd yn ymuno efo'r gynulleidfa mewn addoliad.[32]

Cododd y pregethwr ei destun o Lyfr Exodus, pennod 15 ac adnod 23: 'Pan ddaethant i Mara ni allent yfed y dŵr yno am ei fod yn chwerw.' Dyma ddisgrifad y gohebydd o'r pregethwr: 'Pregethwr a chanddo lais clir a iaith firain, traddodiad hyfryd a neges amserol. Ni flinais wrando arno o'i gymharu ag ambell bregethwr anniddorol a diflas.' Oni chlywid yr un rhinweddau ym mab y pregethwr – Yr Arglwydd Cledwyn o Benrhos?

Fe ddaeth y weiarles ac *Oedfa'r Bore* â sawl pregethwr i sylw'r cyhoedd. Bu hefyd yn gaffaeliad i ddod â'r gogledd a'r de i well adnabyddiaeth o bregethwyr y naill a'r llall. Bu'r oedfa hon yn drobwynt yn hanes H. D. Hughes fel pregethwr; daeth y wlad i wybod amdano. Mae'r bregeth hon o'i eiddo yn adlewyrchu amgylchiadau'r oes ac yn arbennig amgylchiadau tref Caergybi yn 1934. Dyma'r cyfnod o gyni mawr yn y dref honno, gyda'r Act of Irish Free State Special Duties yn 1932, a dyna oedd prif achos y dirywiad yn y porthladd. Dyma ddyfyniad o bregeth H.D.: 'Mae yma filoedd yn y wlad yma, ac yn arbennig yn nhref Caergybi heddiw, yn gorfod yfed yn helaeth o ddyfroedd Mara – tlodi a chyni, dyfroedd siom a phryder, llu mawr o bobol ifanc yn gorfod yfed ohonynt. Diffyg gwaith, dim cyfleusterau i ddatblygu eu doniau, ofn am y dyfodol a gwneud hynny ar ddogn prin y Llywodraeth. Tydi dogn y llywodraeth yn melysu dim ar chwerwder y dŵr.' H. D. Hughes oedd y pregethwr a droes festri Disgwylfa'n gegin gawl i leddfu tipyn ar angen y di-waith. Dyma bregethwr a weithredai ei bregethau.

Cyn diwedd y bregeth fe holai H.D. beth i'w wneud dan y fath amgylchiadau; cododd ei lais gyda bloedd: 'A Moses a alwodd ar enw yr Arglwydd.' Ateb Duw ydoedd i'r bobl aros ym Moreia a cheisio'i wneud yn lle amgenach. Pwysleisiodd y pregethwr ei bod hi'n hollbwysig galw ar Dduw yn ein cyfyngder, ac nad oes yr un cyfyngder nad oes waredigaeth wrth ymyl. Cyrhaeddodd y bregeth i'w chrescendo, yn ôl dull yr oes, gyda'r sylw: 'Mae'r feddyginiaeth yn hŷn na'r afiechyd', gan ddyfynnu'r cwpled enwog:

> Ethol meichiau cyn bod dyled
> Ethol meddyg cyn bo clwyf.

Gyda'r blynyddoedd fe ddirywiodd y math yma o bregethu poblogaidd gan bregethwyr fel H.D. yn bregethu cyfoes iawn. Os yw'r ddawn yn henffasiwn, dyw hynny ddim yn golygu fod y bregeth yn henffasiwn. Fe gollwyd y cyfle i hyrwyddo pregethwyr ar gyfer cyfryngau ar wahân i'r pulpud, yn enwedig y cyfryngau torfol. Yr unig beth a ddysgais i yn y 'dosbarthiadau pregethu' bondigrybwyll yn y coleg oedd nad oedd wiw imi diwnio'n henffasiwn. Ac eto, chlywais i neb yn condemnio person y plwyf am lafarganu, a hynny'n ddigon swynol, rai ohonynt. Rhaid cydnabod y bu i'n colegau diwinyddol fethu cymryd y cyfryngau torfol o ddifrif. Mor ddiweddar â diwedd saithdegau'r ganrif ddiwethaf bu i'r Parch. J. R. Roberts dynnu sylw at ddiffyg darpariaeth ein Cyfundeb i hyfforddi myfyrwyr yn y gelfyddyd o bregethu. Collodd pregethu ei rym pan ganiatawyd i rywun a all siarad yn gyhoeddus bregethu. Yn ôl J.R.:

> Rhaid i bregethu cyfoes wrth gyfryngau newydd. Mae'r hen gyfryngau a'r hen ddulliau wedi goroesi eu defnyddioldeb. Mae'r cyfryngau newydd gennym yn barod ar ein haelwydydd – radio a theledu. Nid yw dulliau pregethwyr poblogaidd ddoe yn gweddu i'r cyfryngau newydd hyn. (Beth wnâi Edward Mathews, Ewenni, neu Thomas John, Cilgerran, ohoni ar y sgrîn deledu?) Y dull syml a thawel sy'n apelio at y gwylwyr a'r gwrandawyr, a bellach daeth 'pregeth radio' a 'gwasanaeth teledu' yn ymadroddion cyffredin yn ein plith. Sut rai yw'r rheini? I ddechrau sgwrsio'n dawel yn fwy na heb mae'r pregethwr radio, a'r un yw dull y pregethwr sy'n ymddangos ar y sgrîn deledu. Arloeswr y dull ymgomiol hwn o bregethu yw John Williams Hughes (Coleg y Bedyddwyr, Bangor). Siarad yn hamddenol a thawel â'i gynulleidfa a wna ef, a daw'r dull hwn o bregethu yn fwy poblogaidd o hyd. Gweddïwn a gobeithiwn y bydd Gair yr Arglwydd yn cyrraedd cartrefi trwyddo.[33]

Yn anffodus, ychydig iawn o bregethwyr y cyfryngau sydd gennym. Deil y meic a'r camera'n llawer iawn rhy ddieithr i'r gweinidog a'r person; fe deimla'r ddau yn llawer iawn mwy cartrefol yn eu pulpud yn pregethu i gynulleidfa sy'n mynd yn llai o Sul i Sul. Mae'n drist meddwl bod y cyfryngau torfol gennym ers pedwar ugain mlynedd ac eto rydym mor bell oddi wrthynt. Mynnwn gredu mai'r pulpud yw'r unig gyfrwng a feddwn i gynnig a chyflwyno'r neges Gristnogol. Fe'n rhybuddir gan Esgob Lerpwl, James Jones, ac eraill: 'Mewn diwylliant lle mae'r person cyffredin yn treulio wyth mlynedd o'i oes yn gwylio teledu, fe deimlir fod y bregeth wedi hen basio'i *sell-by date*. All y monolog bellach ddim cystadlu â'r ddelwedd o'r fideo soffistigedig, yn arbennig i ddal sylw'r ieuanc.'[34]

Ar 2 Tachwedd 1952, pregethodd y Parchedig Idwal Jones ar y radio o Eglwys Gynulleidfaol Pencader. Fore trannoeth, y bregeth honno oedd testun sgwrs ar fws a thrên, mewn swyddfa a phonc chwarel ac mewn sawl tafarn. Fe gofia'r Parch. Harri Parri y bore hwnnw'n dda; yr oedd mewn gwers yn y chweched dosbarth yn Ysgol Botwnnog. 'Pwy glywodd y bregeth bore ddoe?' holodd Gruffydd Parry, yr athro. Rhoes y dosbarth i gyd eu dwylo i fyny'n uchel. 'Doedd yna ddim byd yn neilltuol iawn yn y bregeth,' meddai'r athro, 'ond mi lwyddodd y pregethwr i bregethu i'r unigolyn ac nid i'r gynulleidfa. Ac mae honno yn dipyn o gamp.' Gwyddai Idwal Jones i'r dim beth oedd cyfrinach yr *'one-to-one'* dros hanner canrif yn ôl!

Derbyniodd Idwal Jones gannoedd o lythyrau o ganmoliaeth ac o werthfawrogiad am yr oedfa o bob cwr o'r wlad a chyhoeddodd *Y Cymro* lun o Idwal yn teipio atebion i'r llythyrau hyn yn rhifyn 21 Tachwedd 1952.

Idwal Jones a'i deipiadur

Rhoes y pregethwr rai o'i syniadau am ddarlledu crefyddol i'r *Cymro:* 'Fedrwch chi ddim fforddio bod yn sych ar yr awyr – mi allwch fforddio bod yn ddiflas a beichus o bulpud i'r mwyafrif am ryw ddeg munud. Ond ar y radio mi gollwch eich cynulleidfa os na fyddwch chi'n reit fywiog a difyr. Mater bach ydi troi y botwm i ffwrdd,' meddai Idwal Jones.

Aiff yn ei flaen i ddweud mai 'arbrawf' oedd yr oedfa hon, yn seiliedig ar y gred y dylai'r Eglwys Gristnogol heddiw, yn hytrach nag ofni a dwrdio'r cyfryngau newydd a allai ddylanwadu mor gadarn ar bobl y wasg a'r radio a'r sinema, eu defnyddio yn y sicrwydd fod gras Duw yn gallu gweithredu mewn llawer dull a llawer modd. 'Tydan ni fel crefyddwyr ddim wedi sylweddoli y fath rym sydd i'r radio. Fe gymerodd yn agos i flwyddyn i ddylanwadau dwyfol y diwygiad ledaenu o bentref i bentref; trwy'r ddyfais newydd hon gallai wneud hynny mewn diwrnod,' yn ôl Idwal Jones.

Credai'r Parch. Idwal Jones ei bod yn bwysig, wrth ddefnyddio'r radio fel cyfrwng, mai siarad efo'r unigolyn yn ei gadair a wnawn ac nid â thyrfa, a'i bod yn bwysig iawn cofio hefyd mai diffuantrwydd ac nid clyfrwch sy'n cyfrif. Mae'n haws siarad o'r galon i'r meicroffon yn hytrach nag o bulpud.

Mae'n amlwg o wrando ar draethiad Idwal Jones yn yr oedfa hon ei fod yn bregethwr hynod o araf a phwyllog. Fe ddywedir mai Jubilee Young oedd yr unig bregethwr y rhoed caniatâd iddo fynd dros derfynau ei amser ar y radio. Dyw hynny ddim yn hollol wir – bu Idwal Jones wrthi am ugain munud dros ei amser, dwbwl yr amser penodedig. Fe ddywedir bod Idwal yn llawn ei ddiolch a'i ymddiheuriad i swyddogion y BBC am ganiatáu'r estyniad. Cyfiawnhaodd ei hyfdra: 'Mae ugain munud yn ddigon o amser i ddyn sôn am dyfu cabaits ond mae gennym ni Waredwr rhy fawr i'w droi heibio mewn ugain munud!'

Cafodd y Parch. D. Jacob Davies, Aberdâr, oedfa radio gofiadwy hefyd. Mi fedrai yntau ar gyfrif ei lais a'i ddawn neilltuol gyrraedd ei gynulleidfa a llwyddo i ddweud ei neges wrthi. O gapel yr Undodiaid, Cwrtnewydd, y traddododd ei bregeth ar 22 Hydref 1972, mewn *Gwasanaeth yr Ifanc*. Mi wyddai Jacob i'r dim sut i gyfarch yr ifanc. Deuparth pregeth yn siŵr gen i yw ei dechrau, fel sawl peth arall. Dyma sut y dechreuodd Jacob Davies ei bregeth y bore hwnnw: 'Tôn newydd, geirie newydd, ffasiwn newydd; hawyr bach, i beth mae'r byd 'ma'n dod, gwedwch? Oes ofan pethe newydd arnoch chi, oes ofan newid pethe arnoch chi? Rwy'n cofio un hen gymeriad yng ngwaelod y Shir 'ma, roedd ofan newid ei grys arno fe rhag ofn y cele fe anwyd!'

'Newid mae gwybodaeth / A dysgeidiaeth dyn,' meddai Elfed ac fe allwn ychwanegu mai newid mae'r cyfryngau sy'n trosglwyddo'r neges – y ffydd Gristnogol. Mae'r Eglwys yn hynod o geidwadol, ac fel yr hen gymeriad hwnnw 'yng ngwaelod y Shir', mae ganddi hithau ofan newid a chael annwyd. Bydd raid i'r Eglwys ddewis rhwng y trysor a'r llestri pridd.

Heb os, y rhaglen fwyaf effeithiol a newydd fyddai *Lift Up Your Hearts* – rhaglen bum munud cyn wyth o'r gloch y bore. Pan wahoddwyd y Parch. Tom Nefyn Williams i gymryd at y rhaglen am wythnos fe gofia Robin Griffith (y BBC) yr achlysur yn dda gan mai ef a gludai'r pregethwr o Edern i Fangor cyn wyth. Mi fedrai Tom Nefyn ddweud mwy yn y pum munud boreol hwnnw nag ambell bregethwr mewn dwy bregeth. Nid rhyfedd fod Robin Cae Glas yn dal i sôn am yr homilïau treiddgar hynny. Heb os, roedd Tom Nefyn yn ddyn o flaen ei oes. Ond gwyliwn rhag dyrchafu cewri ddoe ar draul diystyru darlledwyr heddiw. Mae gennym weinidogion a lleygwyr da ryfeddol yn y grefft a'r ddawn o ddarlledu; yn wir, nid oes ofod i'w henwi. Daw dau enw i'r meddwl yn syth – dau weinidog: Y Parchedigion John Gwilym Jones a Harri Parri. Dyma John Gwilym yn *Dweud ei Ddweud* ar Radio Cymru ar 27 Medi 2005:

'Y Beibl Deg Eiliad'

> Dwy ddim wedi cael gafael ar y Beibl can munud yna eto. Dyma beth yw gorchest syfrdanol medden nhw, dyna beth yw syniad gwreiddiol dros ben, crynhoi'r holl Feibil i'w ddarllen mewn rhyw awr a hanner! Druain ohonyn nhw. Mae'r syniad yna mor hen â'r Testament Newydd. Fe wnaeth Iesu ei hunan fwy o gamp o lawer. A dyma fe i chi, y Beibl deg eiliad: 'Pa beth bynnag y dymunwch i ddynion ei wneud i chwi, gwnewch chwithau felly iddynt hwy, hyn yw'r Gyfraith a'r proffwydi.' Mewn geiriau eraill, dyma'r Beibl i gyd mewn un frawddeg.
>
> A ydyw Llywodraeth Llundain wedi darllen y Beibl deg eiliad tybed? Yr hyn oedden nhw'n dymuno i ddynion yr IRA ei wneud iddyn nhw oedd ymwrthod ag arfau, gan roi eu ffydd yn llwyr mewn proses heddwch, ac maen nhw wedi gwneud hynny. Nawr, beth amdani Gordon Brown a'r Gweinidog Amddiffyn? Mae Beibl deg eiliad yr Iesu yn dweud y dylech chwithau nawr wneud yr un peth. Dechreuwch

drwy gael gwared â Trident. Mae gennych chwi fwy o arsenal o lawer na'r IRA. Gwaredwch eich bomiau niwclear; wedi'r cwbl dyna beth y'ch chi'n dymuno i Iran ei wneud. Gwnewch chwithau yr un modd. Gwaredwch eich tanciau a'ch awyrennau rhyfel. Ac fe gawn ni Ian Paisley y tro yma i ddod â'i gamera i dynnu llun y diarfogi. Os wyt ti, Brown, mor awyddus i greu byd newydd ar gyfer yfory, beth am iti syfrdanu byd heddiw drwy daflu dy daflegrau a dy ddrylliau i gyd i'r môr, a rhoi dy ffydd mewn proses heddwch?

Ond rwy'n ofni, wedi dwy fil o flynyddoedd, fod yna rai pobol nad 'yn nhw eto wedi clywed am y Beibl deg eiliad.

Mae'r Parchedig Harri Parri, yntau, yr un mor ddawnus a medrus â'i gyfaill yn y gelfyddyd yma o gysylltu a chyfathrebu â'i gynulleidfa ar y cyfryngau electronig. Mae Harri yn llenor neilltuol o ddifyr a da ac fe wna ddefnydd o'r ddawn i gyrraedd pobol. Mae gan bob papur bro ei golofn grefyddol, a gwneir defnydd buddiol ohoni. Yn ei ddull gwreiddiol a chrafog ei hun bydd Harri yn cyfrannu'n gyson i *Papur Dre* Caernarfon, ond nid fel pregethwr na moesegwr ond fel cennad i Iesu Grist yn ei guddio'i hun fel pob pysgotwr da. Dyma fo yn rhifyn mis Ebrill 2007 yn rhoi sylw i gymeriadau a anwybyddir gennym – *y brodyr lleiaf yn siŵr*:

'Am Funud'

Peth braf, ambell dro, ydi cael bod yn neb. Mewn ward arbennig yn Ysbyty MRI, ym Manceinion, wyddai neb o'r staff na'r cleifion pwy oeddwn i nac, ychwaith, beth a fu fy ngalwedigaeth. Wrth gwrs roedd fy enw i, fel un pawb arall, wedi'i sodro uwchben y gwely. Am ryw reswm, roedd fy enw i yn apelio at bobol, am ei fod o'n hanner odli o bosib. Yn wir roedd yna Indiad yn y gwely ar draws y gongl imi wedi mopio hefo'r ddau air ac yn galw arna' i ddydd a nos sawl gwaith drosodd: 'Arri Parri! You are OK?'

Yn ystod y frwydr, fe ddaeth yna hwdi ifanc i'r gwely ar y chwith i mi. O leiaf roedd ei siaced wedi'i ffasno at ei ên a chwfl dros ei ben pan gyrhaeddodd ddrws y ward. Affro-Caribïad tair ar hugain oed oedd o, ond wedi'i fagu ym Manceinion. Ond roedd Obed yn wynebu enbyd o lawdriniaeth ac yn fwy ei bryder am ei ddau blentyn bach. Roedd hwnnw hefyd yn dalp o anwyldeb ac yn parablu f'enw i. Saeson, ond wedi'u weindio'n wahanol iawn i'w gilydd, oedd y pedwar cydymaith arall.

O fod yn neb mi ddysgais lawer. Os mai adlewyrchu bywyd fel y mae ydi nod celfyddyd, fel awdur mi rydw i wedi methu'n llanast. Fe ddysgais gyfrolau am rasio milgwn a pha geffyl a fyddai wedi bod o'r budd mwyaf imi yn Haydock. Gofidiau'r daith, mae'n debyg, a barai fod yno ddynoliaeth ar ei dewraf a chymdeithas hyfryd.

A dŵad yn ôl i Gaernarfon, gyda'i diolchgarwch, i dre lle mae rhai yn fy adnabod i ac yn cofio beth a fu fy ngalwedigaeth – er y byddai naw o bob deg yn anghytuno â'm hargyhoeddiadau i – roedd y croeso'n llethol. Peth braf, ambell dro, ydi cael bod yn neb. Peth brafiach ydi cael bod yn rhywun.

Y Parch. Elwyn Jones, Cynhyrchydd Rhaglenni Crefyddol y BBC 1973–1982. Elwyn yw'r unig un erioed a recordiodd raglen o Abaty'r Carthwsiaid yn Ffrainc.

Pennod 3

CADW'N FYW Y SIBRYDION AM DDUW

Rydym yn hen gyfarwydd â sôn a siarad am grefydd yng Nghymru bellach yn nhermau *dirywiad* ac yn wir *ddiflaniad.* Cawsom ffigurau cyson i asesu'r sefyllfa a'r rheini'n bwydo penawdau hynod o anffafriol i'r papurau newydd. Dyma bennawd bras o *The Times* yn ddiweddar: 'Churchgoing on its knees as Christianity falls out of favour.'[35] Yr un yw'r gân yn y cylchgronau crefyddol hefyd; dyma a ddarllenais yn ddiweddar yn *The Tablet* (cylchgrawn Catholig rhyngwladol): 'Declining congregations are a serious problem not just in Anglican Churches but even more so in the Free Churches, where predictions are common that Methodism, say, will be all but extinct in another 20 years.'[36]

Gwêl rhai arwyddion o'r dirywiad crefyddol yna yn nechrau dauddegau'r ganrif ddiwethaf. Llosgodd tân Diwygiad 1904–05 yn lludw oer cyn dechrau'r Ail Ryfel Byd, ac er pob ymdrech i fegino'r fflam methiant fu pob cynnig. Erbyn dechrau'r pumdegau fe ddisgrifiai'r moesegwr Sydney Cave y sefyllfa o gyfalaf ysbrydol wedi darfod a'n bod wedi dibynnu'n rhy hir ar gyfalaf y gorffennol.[37] Yna fe ddyfyna Ernest Renon, a ddeil fod llyweroedd yn byw wrth ffydd yr oeddynt wedi hen gefnu arni hi. Aethpwyd i gredu bod gofynion moesol yr Eglwys bellach yn gwbl anymarferol. Wrth drafod yr un cyfnod, sef canol yr ugeinfed ganrif, fe ddywed John Davies: 'Llaciodd gafael y Cymry yn y gwerthoedd crefyddol yn hynod o gyflym. Yn wir un o'r newidiadau mwyaf trawiadol ym mywyd Cymru oddi ar yr Ail Ryfel Byd yw'r trai ar grefydd; erbyn chwarter ola'r ganrif dim ond 13 y cant o'r Cymry sy'n mynychu lle o addoliad; o'r braidd bod modd ein hystyried yn genedl Gristnogol.' Dyma brawf pendant fod tân y diwygiad hanner canrif ynghynt wedi llosgi allan. Bu i'r niferoedd a berthynai i gapeli anghydffurfiol haneru yn eu maint yn yr ugain mlynedd rhwng y pumdegau a'r saithdegau.

Y chwedegau oedd degawd gynta'r 'gymdeithas oddefol', pan ddiorseddwyd moesoldeb Oes Fictoria dros nos ac y gorseddwyd y foesoldeb newydd. Daeth Lady Chatterley fel taranfollt o rywle gan siglo'r sylfeini ffydd a fu yno cyhyd. Meiddiodd John Rowlands fanylu ynghylch y weithred rywiol, y llwyddwyd hyd hynny i'w chadw tan y mat, yn ei nofel *Ienctid yw 'Mhechod.* Yn fuan wedyn agorwyd y llifddorau i'r chwedegau afieithus. Yng nghanol y fath chwilfrydedd a chwalu cefnai'r werin ar yr allor a'r pulpud a fu am gyhyd yn ganolbwynt y gymdeithas Gymreig. Mae'n ddiddorol sylwi mai llithro'n ddistaw a wnaeth yr ysgymunwyr o seddau cefn y capeli gan adael eu llyfrau ar ôl yn eu brys. Nid mewn protest na gwrthryfel yr aethant; er hynny yr oedd yn deimlad o euogrwydd hanner trist a hanner swil. Ar y dechrau rhoes yr eglwysi eu gobaith yn y mudiad i uno'r enwadau, gan gredu'n siŵr y byddai hyn yn atal y gwrthgilio. Rhoes y miliwnydd Syr David James gefnogaeth ariannol sylweddol i'r mudiad, ond doedd dim yn tycio. Collodd llan a chapel eu hapêl a'u gafael ar y niferoedd a gafodd dduwiau newydd ac allorau eraill i addoli wrthynt.

Ond fe all ffigurau moel a phenawdau bygythiol papur newydd fod yn gamarweiniol. Mae'n bwysig rhoi sylw i brosiectau ymchwil yn y maes arbennig yma er mwyn cael darlun mwy cytbwys o'r sefyllfa. Mae'r Eglwys mor dueddol, dan yr amgylchiadau hyn, i guddio yn ei chragen a cholli pob diddordeb yn ei maes. Mae'n gwbl naturiol fod canlyniadau pob ymchwiliad a phrosiect yn pwysleisio'r dirywiad mewn aelodaeth eglwysig ac mewn mynychu addoliad cyhoeddus. Ond fe bwysleisia rhai ymchwilwyr fod yna yr hyn a alwant yn 'ddygnwch credu' a grym crefydd ddealledig (*implicit religion*) ac egni profiad crefyddol yn y gymdeithas gyfoes.

Deil yr aseswyr hyn, er gwaetha'r ffigurau anobeithiol a gyhoeddir yn gyson, fod yna fwy o lawer o bobl yn credu yn Nuw nag sy'n mynychu oedfaon yr eglwys. Fe gadarnheir hyn gan Gyfrifiad Cenedlaethol 2001 trwy Gymru, ac yn arbennig ym Môn. Mae cymaint â 79 y cant o bobl Môn yn Gristnogion yn ôl y Cyfrifiad ond dim ond 8 y cant sy'n dilyn gwasanaethau'r Eglwys. Tueddir i anwybyddu'r ffaith yma a chymryd yn ganiataol nad yw crefydd yn cyfrif dim yn y gymdeithas gyfoes, gan anwybyddu'r amrywiadau crefyddol sy'n bodoli. Fe gollwn olwg ar ddylanwad crefydd yn llunio ac yn siapio agweddau, gwerthoedd ac ymddygiad pobol. Mae hyn yn arbennig yn achos pobol ifanc, yn ôl yr Athro Leslie J. Francis.

Cawn ffrwyth ymchwil yr Athro Francis mewn cyfres o ddarlithoedd a llyfrynnau yn ymwneud â'i brosiect: *Young People, Religion and Values Today*.[38] Mae'r ymchwiliad hwn yn canolbwyntio ar y berthynas rhwng gwahanol steiliau o gredu a'r holl sbectrwm o agweddau cymdeithasol a phersonol. Golygai'r prosiect roddi pum mil o holiaduron yn y cyfrifiadur. Mae'r dadansoddiad yn amlinellu ac yn cymharu ymatebion tri grŵp penodol o bobl ifanc:

i) Y rhai sy'n credu yn Nuw, yn perthyn i'r eglwys ac yn mynychu'r gwasanaethau yn rheolaidd.

ii) Y rhai sy'n credu yn Nuw ond nad ydynt yn perthyn i unrhyw eglwys neilltuol ac na fynychant wasanaethau byth.

iii) Y rhai na chredant yn Nuw, na pherthynant i eglwys na mynychu gwasanaethau.

Mae canlyniadau'r asesiad yma yn dangos pa mor bwysig yw ymarferiad crefyddol, yn ogystal â chredu heb berthyn, mewn llunio a mowldio agweddau a gwerthoedd pobol ifanc.

Mae'n debyg mai'r ymchwil mwyaf manwl ar ysbrydolrwydd oedolion oedd prosiect a gynhaliwyd dan nawdd Prifysgol Nottingham gan David Hay a Kate Hunt yn y flwyddyn 2000.

Testun yr ymchwil oedd: *Understanding the Spirituality of People who Don't Go to Church.* Treuliodd David Hay bum mlynedd ar hugain yn ymchwilio a daeth i'r casgliad yn fuan iawn fod ymwybyddiaeth ysbrydol yn rhan o wneuthuriad dyn; mae'n egluro hyn fel rhywbeth 'biologically built into us', beth bynnag fyddo ein cred grefyddol neu ein diffyg cred. Y ffaith fod prif ffrwd eglwysi gwledydd Prydain yn mynd drwy gyfnod o ddirywiad enbyd yw un rheswm dros y prosiect. Ond fe ddadlennir yn yr ymchwil fod yna ddarlun gwahanol oddi tan yr wyneb sydd mor anobeithiol. Dyma a ddywed am arolygon cynharach: 'National surveys had told us that about half the adult population of Britain would claim to have a spirituality that is grounded in their personal experience.' Yn ddiddorol iawn, roedd dwy ran o dair o'r rhai a holwyd yn barod iawn i gydnabod a siarad am ysbrydolrwydd. Ar 3 Ebrill 2007 fe gyhoeddodd yr elusen Gristnogol Tearfund arolwg yn datgan bod un ym mhob deg o bobl Prydain o wahanol enwadau yn mynychu lle o addoliad bob wythnos. Ond, yn fwy diddorol na hynny, yn ôl yr arolwg mae *tair miliwn* a fyddai'n mynychu lle o addoliad pe caent wahoddiad *iawn.* Mae i'r ddau arolwg hyn oblygiadau arbennig iawn i genhadaeth yr Eglwys heddiw. Wrth ymateb i'r sefyllfa yma, dyma a ddywed Eric Shegog yn ei erthygl 'Religious Communication in the Context of Soap Values': 'The time is ripe for the Churches to make a bid to fill the intellectual and moral vacuum that is developing.'[39]

Heb os, mae prif ffrwd enwadau Cristnogol ein gwlad yn mynd trwy gyfnod o'r dirywiad gwaethaf a welwyd. Cododd cenhedlaeth erbyn hyn na chafodd unrhyw hyfforddiant yn y ffydd Gristnogol, ar yr aelwyd gartref nac mewn llan na chapel, dim ond rhyw gyffyrddiad yn yr ysgol ddichon. Er hyn, yn ôl ymchwiliad David Hay a Kate Hunt, mae'r rhelyw o'r rhain yn ymwybodol iawn ac yn honni bod ganddynt ysbrydolrwydd sy'n seiliedig ar eu profiad personol. Mae gan Dr Robert Pope sylw beiddgar ar hyn yn ei erthygl dreiddgar 'Speaking of God and Donald Duck': 'Today's fascination with spirituality – a deliberately loose and slippery term which at best recognizes that human beings have an inherent yearning for the other, for reality, for transcendence or for God.'[40] Bu i'r Salmydd ac Awstin Sant yn ei *Gyffesion* anfarwoli'r dyhead yma: 'Gwnaethost ni i ti dy hun ac ni orffwys ein calon hyd nes y gorffwys ynot ti.' Rhydd y Salmydd, yntau, ddarlun byw iawn o'r dyhead: 'Fel y brefa'r hydd am yr afonydd dyfroedd, felly yr hiraetha fy enaid amdanat ti o Dduw.' Tybed ai yr un peth sydd gan Elfed yn ei emyn: 'Os Duw sydd ar f'enaid i eisiau / Mae eisiau fy enaid ar Dduw'?

Awgryma John Calfin fod peth o ddelw Duw ynom, delw nas dilëir yn llwyr: 'But because God does not will to lose in us that which is His own, He yet finds something there which out of His kindness He can love.'[41]

Fe ganodd un o'n beirdd o'r bedwaredd ganrif ar bymtheg ar yr un trywydd yn ei ail gerdd 'Y Storm':

> Mae'r byd i gyd yn gysegredig
> A phob ban yn dwyn ei geriwb
> A'i dragwyddol gainc.

Bu marwolaeth ei gariad Anne Bowen yn drobwynt ym mywyd Islwyn a chanlyniad y brofedigaeth fu llunio dwy gerdd hir dan yr un teitl – 'Y Storm'. Yng nghanol y storm honno cafodd brofiad ysbrydol rhyfeddol: 'Mae'r byd i gyd yn gysegredig.'

Mae tystiolaeth fod llawer iawn o bobl, os nad y mwyafrif, yn meddu ar syniad o'r tragwyddol neu'r trosgynnol, a hynny'n gwbl annibynnol ar yr Eglwys. Fe soniai Richard Thomas am 'Membership "Outside" the Church', fel yr awgryma is-deitl ei lyfr, *Counting People In – Changing the Way We Think about Membership of the Church*.[42] Y rhagdybiaeth ydyw fod pawb ohonom, pa un bynnag a ydym yn aelodau o'r Eglwys ai peidio, yn abl i adnabod ac ymateb i'r ysbrydol. Yn wyneb hyn, fe gred Richard Thomas nad oes gan yr Eglwys fonopoli ar ffydd dros y gymdeithas seciwlar.[43] Fel y sylwyd eisoes, bu gostyngiad syfrdanol o gyflym yn rhif aelodau eglwysig ar ddiwedd yr ugeinfed ganrif ac mae hyn yn wir hefyd am y ganrif bresennol. Mae'r gwrthgiliad yn amlwg iawn yn y bobl dan ddeugain oed.

Ar sail arolwg David Hay a Kate Hunt, undduwiaeth draddodiadol yw crefydd naturiol y bobl gyffredin ond mae'n grefydd sydd wedi ei glastwreiddio i olygu dim byd mwy na'r Duw sy'n siŵr o ymyrryd os bydd i'n perthnasau neu i ni ein hunain fynd i drafferthion. Maent yn sôn am Dduw yn helpu eu teuluoedd ar yr un gwynt ag y soniant am yr anhawster o gredu yn Nuw gan fod yna gynifer o drychinebau amrywiol yn y byd.

Dyna'n fras, yn ôl yr ymchwil, agwedd y dosbarth lluosog hwnnw sy'n credu ond heb berthyn i unrhyw sefydliad crefyddol; dyna agwedd y bobl hyn at ysbrydolrwydd. Mae cryn densiwn cydrhyngddynt a'r Eglwys a'r rhai a'i mynycha. Yr oedd rhai ohonynt wedi eu siomi yn yr Eglwys, ac roedd cryn dipyn o siniciaeth yn agwedd eraill. Yn ôl yr arolwg dyma oedd barn y rhai a holwyd am yr Eglwys. Dyna'r ymateb cwbl ddi-gymell: 'rhagrith, rhagfarn, allan o gyswllt â'r byd, yn anniddorol ac yn ailadroddllyd'. Credant hefyd fod gan yr Eglwys lawer iawn gormod o obsesiwn gyda rheoli a meistrolaeth, tra dylai'r Eglwys gymryd agwedd gwas. Yn eu tyb, metha'r Eglwys mewn consýrn am y ddynoliaeth gyfan, sy'n golygu gwir ymrwymiad gwleidyddol i'r tlawd a'r anghenus: 'Rhyw symboleiddiach arwynebol yw'r casglu at dlodi'r byd,' meddant.

Gesyd ymchwilwyr y prosiect y bobl hyn a holwyd ganddynt mewn tri dosbarth – canlyniad digon tebyg i eiddo'r Athro Leslie Francis:

i) *Y rhai sy'n credu ond heb berthyn*
   Pobl dros eu 40 oed yw'r rhain; mae ganddynt wybodaeth am gred ac athrawiaeth Gristnogol ond am resymau amrywiol maent wedi torri cyswllt â'r Eglwys. Deil eu hysbrydolrwydd yn Gristnogol.

ii) *Dyma'r rhai heb gredu na pherthyn*
   Dyma ddosbarth o bobl a gafodd eu dwyn i fyny gyda sawl

cyswllt â'r Eglwys Gristnogol ond bu eu profiad ohoni yn negyddol ac maent yn elyniaethus tuag ati. Eto, yr oedd eu hysbrydolrwydd yn reit amlwg. I'r dosbarth ieuengaf y perthyn y rhain ar y cyfan.

iii) *Y rhai hynny sydd heb eu cyffwrdd gan yr Eglwys*
Ymddengys na chafodd y dosbarth hwn unrhyw gyswllt arbennig â sefydliadau crefyddol o unrhyw fath; er hyn, mae ganddynt ysbrydolrwydd hynod o bwysig. Ar ryw wedd, dyma'r dosbarth mwyaf diddorol gan iddynt adeiladu diwinyddiaeth bersonol a gasglwyd ganddynt o amrywiol ffynonellau.

Bu'r ymchwil hwn o eiddo David Hay a Kate Hunt o Brifysgol Nottingham (a chyda sêl bendith y Feibl Gymdeithas, Eglwys Loegr, yr Eglwys Fethodistaidd, y dalaith Seisnig o'r Ieseuwyr, Archesgob Caergaint, Esgob Nottingham, a'r Athro Andrew M. Greeley o Brifysgol Chicago) yn gyfraniad hynod o werthfawr i'r Eglwys geisio adnabod ei maes cenhadol yn y diwylliant cyfoes. Mae hefyd yn gyfraniad buddiol iawn o ran canfod lle'r cyfryngau torfol yng nghenhadaeth yr Eglwys. Mae'n amlwg ddigon oddi wrth yr arolwg i grefydd gyfundrefnol golli ei grym a'i harwyddocâd i bobl. Nid yn unig y collodd ei hapêl at bobl, fe wanychodd ei dylanwad ar gymdeithas hefyd. Fel y gwelsom, mae rhifau'r gwrthgilwyr o'r Eglwys yn anhygoel o uchel, oddeutu pedwar ugain mil bob blwyddyn. Bellach cododd cenhedlaeth newydd heb unrhyw osgo at gapel nac eglwys, ac ni chawsant ychwaith unrhyw fath o gymhelliad gan rieni, heb sôn am orfodaeth. Yn ôl Arolwg Eglwysi Cymru 1994, *Yr Her i Newid*, gwelwyd llacio graddol ar gredoau'r ffydd Gristnogol yma yng Nghymru yn ystod yr ugeinfed ganrif. Ar un wedd, mae'r sefyllfa'n waeth yng Nghymru. Rhwng 1982 ac 1995 fe gaewyd 743 o gapeli perthynol i'r prif enwadau ymneilltuol. Nodyn trist iawn yw'r ffaith mai pobl rhwng 20 a 30 oed yw trwch y gwrthgilwyr. Bellach, ychydig iawn dan 65 oed sydd yn ein cynulleidfaoedd o addolwyr. Yn ôl Philip Richter a Leslie Francis yn eu llyfr *Gone But Not Forgotten*, fe wrthgilia cynifer â 1,500 o aelodau o wahanol eglwysi bob wythnos ym Mhrydain. Bu symudiad amlwg mewn gwerthoedd cymdeithasol o fewn diwylliant y Gorllewin yn ystod yr ugeinfed ganrif. Llanwyd y gwagle moesol gan wleidyddiaeth am sbel, gyda'i hymrwymiad i'r gwahanol bleidiau gwleidyddol. Cafodd rhai ateb yn theorïau sosialaeth ac eraill yn eidioleg cyfalafiaeth. Ac yn yr oes honno câi dyn werthoedd cymdeithasol yn y gweithle; mewn diwydiant yr oedd gonestrwydd a bod yn ddibynadwy yn bwysig. Yr oedd teyrngarwch i gyd-weithiwr a meistr yn cael ei dderbyn fel rhan naturiol o fywyd.

Ond, daeth tro ar fyd: aeth gwaith yn fwy cystadleuol a daeth newidiadau yn y patrymau gweithio. Daeth ansicrwydd i fyd gwaith a phob gweithiwr drosto'i hun gyda grym yr Undebau Llafur wedi gwanychu. Fel y cawn ein hatgoffa gan Dr Robert Pope:

> Does bellach ond un lle yn aros i gadarnhau gwerthoedd, a *hamdden* yw hwnnw, a dyma lle mae'r sinema a theledu ill dau yn hynod o bwysig. Mae'n rhaid derbyn mai trwy ddelweddau seciwlar yr operâu sebon, y ddrama, y cyfresi byrion, comedi neu ffilm nodwedd bellach y trosglwyddir ystyr a gwerthoedd bywyd inni. Y rhain bellach sy'n darparu'r deunydd crai ar gyfer ein sgwrsio â'n gilydd a'r dilema moesol trwy ba rai y mae pobl yn penderfynu beth sydd neu beth nad yw yn ffordd dderbyniol o fyw. Bu hyn yn newid reit sylweddol, sef datgysylltu pethau mor hanfodol â gwerthoedd ac ystyr bywyd o'r sefydliadau crefyddol – yr Eglwys a'u hymddiried i gyfryngau cwbl seciwlar.[44]

Aiff Dr Pope yn ei flaen i bwysleisio:

> Os y bu i deledu a'r sinema chwarae rhan yn y datblygiad yma felly, yr hyn sydd o'r arwyddocâd mwyaf yw'r ffaith eu bod yn procio trafodaeth werthfawr ac ystyrlon trwy ddelweddau ffuglennol a'r rheini'n symudol ac nid yn llonydd.[45]

Yn y fath gyfwng â hwn y mae'r teulu dynol, fel y cyfeiriwyd eisoes, gyda'i ddyhead cynhenid am y tragwyddol neu am Dduw yn adlewyrchu'r ymgais a'r ymdrech i ganfod ystyr bywyd yn rhywle ac yn rhywbeth. Gan fod yr hen grefydd draddodiadol yn wag a'r hen ffynhonnau wedi sychu, tybed a all y cyfryngau torfol yma ddod i'r bwlch a chyflwyno inni ystyr a gwerthoedd bywyd? O leiaf fe allent fod yn arfau digon buddiol i gychwyn dadl a thrafodaeth ar werthoedd ac egwyddorion mewn diwylliant ôl-fodern sydd wedi cefnu a gadael y consensws ac sydd, o ganlyniad, mewn perygl o ddadfeilio'n foesol. Ond boed hyn yn beth derbyniol ai peidio, mae'n werth nodi wrth fynd heibio, meddai Dr Robert Pope, fod y syniad yn syrthio'n fyr o'r hyn y mae'r Efengyl Gristnogol yn ei hawlio: tröedigaeth ac ymroad i Dduw yng Nghrist yn cymodi'r byd ag Ef ei hun (2 Corinthiaid 5:19; Colosiaid 1:20). Deil Robert Pope nad yw'r delweddau ffuglennol hyn yn cyflwyno dim amgen na rhyw sibrydion am Dduw ac nad yw hynny'n ddeiet ysbrydol digonol i ddyn.

Yn ddiddorol iawn, ac yntau ar ei daith gyntaf oddi cartref er ei ethol, fe rybuddiodd y Pab Bened XVI yn erbyn yr hyn a alwai yn 'consumer religion' (crefydd nodweddiadol iawn o'n hoes reiblyd ni). Wrth annerch y bobl ar Ddydd Ieuenctid y Byd, 22 Awst 2005, yng Nghwlên yn yr Almaen, pwysleisiodd na ddylent ddilyn pob awel o ysbrydolrwydd gan fudiadau a chrefyddau newydd sy'n ceisio ateb ein cri am ysbrydolrwydd. 'Glynwch wrth ffydd sylfaenol yr Eglwys Babyddol,' meddai. Gwrthsafodd y Pab y demtasiwn o dderbyn pob rhyw awel, er bod yr Eglwys Babyddol yn colli gafael ar ei phobl, yn enwedig yr ifanc. Pwysleisiodd y Pab wrth gloi ei neges: 'Nid cynnyrch rheibusrwydd ydi Catholigiaeth y gallwch ei dewis ynteu ei gwrthod fel y mynnoch gan anwybyddu'r gweddill. Ni all y grefydd o'n gwneuthuriad ein hunain fyth ein hachub.'[46]

Ond beth bynnag yw'r delfrydau Cristnogol fe'n hatgofir yn barhaus mai ni yw cenhedlaeth y 'bas benawdau' (*the sound-bite generation*), yn ôl Neil Postman, ac onid yw teitl ei lyfr yn ddisgrifiad gwych ohonom: *Amusing Ourselves to Death*? Tybed, er hyn, nad yw'r crefyddau newydd sydd wedi datblygu yn y tir yn gyfryngau, er eu hamrywiaeth, a geidw'r sibrydion am Dduw yn fyw? Onid oes yn y crefyddau hyn, a'r tu ôl iddynt, ryw ymdrech i gael ystyr a gwerthoedd yn rhywle ac yn rhywbeth gan inni gefnu ar grefydd draddodiadol. Onid oes yna ymgais amlwg i ni fel cenhedlaeth ymdrechu i dorri i ni ein hunain bydewau? Mae'r dyhead hwn yn brawf nad yw bywyd ysbrydol yn gwywo nac yn darfod mewn dyn am fod, ac er bod, crefydd draddodiadol yn marw o'r tir. Bydd yn dal i fwydo ar ddefnyddiau crai o brofiadau crefyddol lle bynnag y caiff afael ynddynt. Ac, wrth gwrs, mae'r teledu yn un ffynhonnell sy'n cynnig stôr o storïau, delweddau ddigon, modelau a symbolau i gyhyrau ysbrydol y dyn a'r ddynes fodern ac i'w cadw'n ystwyth ac mewn trim.

Mae'n rhesymol credu, felly, os na chaiff cyhyrau crefyddol y dyn a'r ddynes seciwlar eu hymarfer gan grefydd draddodiadol, yna caent eu hymarfer ar ddyfeisiadau o'u heiddo'u hunain – teledu yn fwyaf arbennig, oherwydd ni allent oroesi heb ddrama, pasiant, chwarae a ffantasïo. Mae Eric Shegog yntau yn ein rhybuddio rhag llwgu'r dyn ysbrydol hefyd: 'Man and woman do not live by game shows alone. Their psyche has to be fed, their spirit raised, and their being enriched by a variety of sources, otherwise, in the words of Neil Postman's book, we shall simply be amusing ourselves to death.'[47]

Ond, pan fetha'r grefydd draddodiadol â disychedu dyhead dyn, yna mae'n siŵr o dorri iddo'i hunan bydewau, pa un bynnag a ddaliant ddŵr ai peidio. Gall yr Eglwys groesawu ynteu gwrthod y cyfryngau; un peth na all ei wneud yw eu hanwybyddu. Os yw negeseuon yr Eglwys am fod yn effeithiol, rhaid iddi gymryd i ystyriaeth awyrgylch ddiwylliannol y dydd. Mae un ffaith y'n hatgoffir ohoni yn gyson, sef bod teledu wedi trawsfeddiannu'r rôl honno a chwaraeid gynt gan grefydd fel cyfryngwr mythau a oedd yn ymgorffori'r gwerthoedd rheini ac a rydd ystyr i fywyd. All yr Eglwys ddim dianc rhag y ffaith yna.

Mae Grace Davie yn ymdrin yn feistrolgar â'r arferion crefyddol newydd.[48] Cred fod darlledu crefyddol yn gyfaill ac yn elyn i'r

Eglwys. Mae'n gyfaill am ei fod yn cynnal y gwerthoedd hynny sy'n angenrheidiol i ffyniant y ffactor grefyddol mewn cymdeithas gyfoes. Daw'r elyniaeth i'r golwg yn y ffocws gwahanol ar y gwerthoedd gan y darlledwyr. Mae'r arferion neu'r crefyddau newydd yn y gymdeithas gyfoes yn hawlio geirfa newydd gan fod iaith a thermau'r grefydd draddodiadol mor wahanol, er ein bod erbyn hyn yn dechrau ymgyfarwyddo â hwy. Gwêl Grace Davie ei hun fel pe bai'n agor tun o licris cymysg wrth restru'r amrywiol ddulliau o gredu a rydd gyfle i bobl ddethol a dewis yn ôl eu blas. Dyma rai o'r dulliau amrywiol o gredu a enwir gan Grace Davie: 'Crefydd boblogaidd; crefydd gyffredin; crefydd breifat; crefydd anweledig; crefydd ddealledig (*implicit religion*); crefydd werinol; crefydd sifil a chrefydd arferol.' Mae'n debyg mai'r 'grefydd werinol' yw'r grefydd fwyaf poblogaidd yng Nghymru, fel y cyfeiria'r Parchedig Tom Evans, darlithydd yn Adran Astudiaethau Crefyddol Coleg y Drindod, Caerfyrddin: 'Crefydd real i ganran uchel o'r boblogaeth, yn Gymry Cymraeg a di-Gymraeg, yw'r bobol rheini sy'n canu emynau gydag arddeliad yn y Stadiwm Genedlaethol yng Nghaerdydd heb ddeall yr un gair o ran iaith, diwylliant na diwinyddiaeth, yr hyn y maent yn ei ganu!'[49] Dyna ddisgrifiad gwych o'r dull gwerinol o gredu neu o'r grefydd werinol. Yn ei erthygl 'Hymns and arias – Religion and the Media', dyma a ddywed D. P. Davies am y grefydd werinol: 'This folk religion and its close identification with the Welsh language and culture is illustrated by the huge popularity of Welsh television of *Dechrau Canu, Dechrau Canmol*, a programme of hymn-singing.'

Mae i bob un o'r 'crefyddau' hyn (neu ddull o gredu) ryw fymryn o wahaniaeth o ran ffocws. Maent i gyd yn adlewyrchu natur wahanol o'r realiti cymdeithasol y maent yn ei ddisgrifio. Dichon eu bod gyda'i gilydd yn anelu yn weddol agos at y gwirionedd. Fe allesid ychwanegu cryn dipyn at restr Grace Davie: er enghraifft, crefyddau a gysylltir â hudoliaeth ac ofergoeliaeth. Ceir mathau eraill digon amrwd gan broffwydi ffortiwn a cheir sawl coel a chrefydd ynglŷn â bywyd ar ôl marwolaeth.

Ond, heb os, yr operâu sebon sy'n cynnig eu ffurf arbennig eu hunain o *grefydd boblogaidd*. Maent yn hawlio lle canolog yn ein cymdeithas gyda chynulleidfaoedd yn rhifo yn y miliynau ar draws y byd, y rhelyw yn ferched canol oed. Maent yn llenwi oriau lawer o fywyd y bobl bob wythnos. Beth, mewn difrif, sydd yn yr operâu hyn sy'n gwefreiddio cynulleidfa mor fawr, mor eang ac mor gyson? Maent yn sicr yn taro rhyw dant am wir ystyr bywyd – yn debyg iawn i'r papurau poblogaidd sy'n cynnwys storïau am bobl. Ond fe enillodd yr operâu hyn safle arbennig iawn wrth i gymdeithas golli tir a llithro i berthyn i'r pethau a fu. Cyn i Mrs Thatcher erioed gyhoeddi nad oes y fath beth â chymdeithas, roedd y cwlwm sy'n cynnal a chadw cymdeithas wedi llacio a hynny er canol yr ugeinfed ganrif. Daeth yr operâu sebon i'r adwy i lenwi'r gwacter, gan gynnig eu ffurf eu hunain o gymdeithas a math o grefydd boblogaidd neu steil o gredu heb berthyn. Ond fe fynnai Neil Simpson yn ei erthygl 'Popular Religion on TV' na all neb na dim gyfarfod â'r gofyn yma i lenwi'r bwlch yn lle cymdeithas go iawn, ond fe gred: 'Who better to provide them than our media-constructed alternative to genuine community, the soap opera?'[50] Mae'n wir na cheir yn yr operâu hyn ddogmâu crefyddol ond ceir ynddynt themâu pwysicaf bywyd – geni, priodi a marw – ac fe ddarparant ddeiet digonol i fodloni'r awch a'r angen mewn dyn. O bryd i'w gilydd fe ymestyn y stori dros ffin y byd materol a gweledig hwn i'r byd tu hwnt. Cred Simpson mai arwyddocâd yr operâu sebon ar lefel grefyddol yw'r cyfraniad a wnânt i *gadw'n fyw'r sibrydion am Dduw*. Yn hyn o beth maent yn ddigon tebyg i'r traddodiad gwerin gan etifeddu gan y mud-chwaraewyr yr angen i ddarparu fframwaith ysbrydol ar gyfer bywyd y bu iddynt ei etifeddu oddi wrth y dramâu moesegol gyda gogwydd i foesoli.

Tybed a yw *sibrydion am Dduw* yn ddeiet ysbrydol digonol? Pan holodd yr Esgob Richard Holloway un o'r caplaniaid diwydiannol mewn ffatri yn yr esgobaeth beth yn hollol a lwyddai i'w gyflawni, 'I'm keeping alive the rumour about God' oedd yr ateb. Rwy'n cofio newyddiadurwr o Fôn yn holi'r Parchedig Arthur Meirion Roberts pan ddaeth i Atomfa'r Wylfa fel caplan: 'Ai dŵad â Duw i'r Wylfa ydy'ch job chi?' Yr oedd gan y Caplan ei ateb! Dyma, hefyd, arwyddocâd yr operâu sebon ar lefel grefyddol – cadw'r sibrydion am Dduw yn fyw. Tybed a wna'r grefydd werinol, sydd mor boblogaidd yng Nghymru, fwy? Mae Paul Tillich yn awgrymu bod yna ryw densiwn parhaus mewn diwinyddiaeth rhwng dau begwn: ar y naill law, 'y gwirionedd tragwyddol – y sylfeini', ac ar y llaw arall, yn y pegwn arall, 'y sefyllfa dymhorol y bydd raid i'r gwirionedd tragwyddol gael ei dderbyn'.[51]

Ond, os yw'r operâu sebon hyn yn 'grefyddol' yn yr ystyr ehangaf i'r gair, ac mae pob tystiolaeth dros gredu hynny, gellir dweud eu bod yn cyflawni'r hyn a gysylltir â'r hen fytholeg werinol.

Gwêl Hilary Kingsley fod gwerth yr operâu sebon yn syml iawn yn y ffaith eu bod yn cydio ac yn clymu pobl gyda'i gilydd yn gymdeithas. Mae'n ein hatgoffa mai crefydd oedd y glud cymdeithasol yn yr Oesoedd Canol. Erbyn heddiw y teledu yw'r cyfrwng sy'n ein cydio a'n cadw gyda'n gilydd yn gymdeithas, a'r Super Glue, heb os, yw'r opera sebon! Trwy gyfrwng yr operâu hyn, fe gred Hilary Kingsley ein bod yn rhannu credoau, gobeithion a rhagfarnau gweddill pobl y Gorllewin.[52]

Ond beth bynnag fyddo ein barn, mae'r operâu sebon yn darparu'r ychydig brofiadau cymdeithasol dilys i genhedlaeth a fagwyd ar y syniad hwnnw nad oes y fath beth â chymdeithas mewn bod mwyach. Fe beidiodd y sgwrs dros glawdd yr ardd ac fe gollwyd siop y pentre i'r archfarchnad lle nad oes neb yn adnabod ei gilydd. Os digwydd inni arafu wrth weld hen gyfaill daw berfa weiren â phwniad o'n hôl. Nid storïau'r gymdogaeth na'r stryd sy'n bwysig bellach ond y stori ddiweddaraf o Gwmderi, o Coronation Street neu o Stryd Ramsay. Mae Neil Simpson yn ein hatgoffa bod y pulpud wedi'i ddisodli gan yr operâu sebon a thema o *Neighbours* wedi disodli'r Bregeth ar y Mynydd. Ond yn y fath ddiwylliant â hwn mae yna ymdeimlad ac ymwybyddiaeth cryf am bethau dwyfol a dealltwriaeth am ryw gyfriniaeth bwysig sy'n sicrhau bod bywyd yn mynd yn ei flaen. Heb os, mae'r operâu sebon yn cynrychioli'r chwilio am gymdeithas ac am ystyr i fywyd. Tybed ai'r rhai hyn yw'r tair miliwn y sonia *Arolwg Tearfund* amdanynt? Gwêl rhai gyfraniad yr operâu sebon yn gymwynas addas iawn drwy eu bod yn cyfannu byd toredig a rhanedig. Cred eraill fod yr operâu hyn yn cynrychioli methiant y wir gymdeithas, sef y gymdogaeth a'r Eglwys, i gyfarfod â gwir angen pobl.

Ond fe haedda'r teledu a'r operâu sebon bob cymeradwyaeth am eu dewrder i ymdrin â chwestiynau a materion y dydd – AIDS, camddefnydd o gyffuriau, anffyddlondeb ac alcoholiaeth; mor effeithiol, hefyd, y bu ymgyrch y teledu yn erbyn ysmygu. Bu'r achosion hyn i gyd yn destunau yn storïau'r operâu sebon a chawsant effaith ffafriol; yn wir, fe gyfrannwyd gwybodaeth a chynghorion digon buddiol o'r atyniadau hyn. Cysurwyd rhai gwylwyr wrth glywed nad ydynt mor unig ag y tybient yn eu trallod a'u gofid.

Fel y cyfeiriwyd eisoes, ni all yr Eglwys anwybyddu'r diwylliant y mae'n byw ynddo. Os yw neges yr Eglwys am fod yn effeithiol bydd raid iddi gymryd i ystyriaeth awyrgylch ddiwylliannol y dydd. Bellach, y teledu yw'r awdurdod i'w gwylwyr ffyddlon a chyson. Ganddi hi y cânt wybodaeth am y byd o'u cwmpas. Fel y gwelsom, mae'r teledu, a'r operâu sebon yn arbennig, wedi cymryd arnynt y rôl a gyflawnid gynt gan grefydd fel cyfathrebwr mythau sy'n ymgorffori gwerthoedd bywyd ac a rydd ystyr i fywyd. Er hynny, fe honna'r darlledwyr nad eu pwrpas yw *newid* cymdeithas ond yn hytrach adlewyrchu'r hyn a ddigwydd *mewn* cymdeithas.

Yr her i'r Eglwys yw, sut y gall gyflwyno'r egwyddorion a ymgorfforir yn ei dysgeidiaeth – yn yr Efengyl a ymddiriedwyd iddi i'w chyflwyno i'r byd. Mae perthynas yr Eglwys â'r byd o'r pwys mwyaf, y byd y mae'r cyfryngau torfol o gyfathrebu yn rhan ohono. Mae rhai grwpiau Cristnogol o'r farn y dylai'r Eglwys gadw o fewn hyd braich o'r byd. Credant, gan mai tueddiad y teledu yw gwamalu ynghylch popeth y cyffwrdd ynddo a throi popeth yn adloniant ac yn ddifyrrwch, na ddylid ymddiried gwerthoedd Cristnogol iddo. Heb os, Malcolm Muggeridge, y darlledwr a'r Cristion, oedd y gwrthwynebwr pennaf yn erbyn ymddiried cenhadaeth yr Efengyl i'r fath gyfrwng â'r teledu. Honnai ef fod teledu yn ddylanwad hynod o anghyfrifol a gormesol, heb unrhyw gyfeiriad at ganllawiau deallus, moesol a llai fyth ysbrydol. 'Entertainment is the supraideology of discourse on television,' meddai Neil Postman, yr arch-feirniad!

Yn annisgwyl braidd cafodd y Ceidwadwyr Efengylaidd – Protestaniaid ffwndamentalaidd America, pobl fel Billy Graham ac Oral Roberts – dröedigaeth; lle gynt y buont mor wrthwynebus i'r cyfryngau electronig maent yn awr yn moli Duw amdanynt. Maent wedi lansio'r eglwys electronig ac yn credu'n siŵr mai rhodd Duw i gynorthwyo'r Eglwys i gyflawni gorchymyn Iesu Grist yw'r cyfryngau electronig: 'Ewch i'r holl fyd a phregethwch yr Efengyl i bob creadur.'

Y mae o'r pwys mwyaf fod yr Eglwys yn derbyn y safiad, fel y dywed Niebuhr: 'Crist yn trawsffurfio Diwylliant': golyga hyn fod yn rhan ohono. Os yw'r safiad diwinyddol yma yn dderbyniol rhaid holi beth yw'r ffordd ymlaen. Yn ôl Eric Shegog, dyma rai ffyrdd posibl o weithredu, ac mi fyddai'n fuddiol cyfeirio atynt:[53]

1. *Yn gyntaf*

Ceisio dylanwadu ar y rhai hynny mewn awdurdod cyn belled â bod teledu yn y cwestiwn. Fe all hyn olygu: y llywodraeth, rheolwyr, gwneuthurwyr rhaglenni a rheolwyr sianeli. Mae'n debyg mai un ffordd effeithiol o wneud hyn fyddai trwy i'r eglwysi lobïo'r cyfryw awdurdodau.

Mewn erthygl bapur newydd ar ddarlledu crefyddol heddiw, fe ddywed y Parchedig Ddr Elfed ap Nefydd Roberts iddo gael y fraint am bum mlynedd o gadeirio Pwyllgor Ymgynghorol BBC Cymru ar Grefydd – pwyllgor â'i aelodau'n cynrychioli'r prif enwadau Cristnogol ynghyd â staff y BBC sy'n ymwneud â chynhyrchu a chyflwyno rhaglenni crefyddol yn Gymraeg ac yn Saesneg ar y radio a'r teledu. Fel yr awgryma'r teitl, pwyllgor ymgynghorol ydyw. Ni honna'r aelodau fod yn arbenigwyr ym maes darlledu (ac eithrio'r syniad fod pawb yn feirniaid teledu a radio), nid ydynt ychwaith yn gynrychiolwyr swyddogol o'r gwahanol eglwysi. Yn syml iawn, ymateb i'r cynnyrch crefyddol, cynnig awgrymiadau i gynllunio rhaglenni'r dyfodol, a ffurfio pont rhwng y cyfryngau a'r gwylwyr a'r gwrandawyr a'r cyhoedd yw eu swyddogaeth.

Gwelai Elfed y profiad yn un diddorol a chynhyrfus ond llawn her. Mae'r ddadl ynglŷn â dylanwad ac effaith y cyfryngau torfol ar syniadau ac ymddygiad pobl yn hen ddadl ac yn bur amhendant. Ar gwestiynau rhyw a thrais y cyfyd y feirniadaeth ffyrnicaf; dros y blynyddoedd tuedd arweinwyr yr Eglwys a phregethwyr fu ymateb yn hynod o feirniadol a negyddol i ddylanwad sinistr 'y bwystfil yn y gornel'. Ond ni ddylem anghofio dylanwad enfawr teledu a radio er daioni ac ymroad proffesiynol, yn ogystal â safon uchel y rhai sy'n ymwneud â chynhyrchion crefyddol y cyfryngau, a ddylai ennyn ein gwerthfawrogiad a'n cefnogaeth fel Cristnogion.

Mae darlledu heddiw yn her i'r darlledwyr a'r eglwysi. Yr her i'r darlledwyr yw'r ffaith fod cynulleidfa mor aruthrol fawr o wrandawyr a gwylwyr a'r fath gyfle'n ymddangos mor ddiderfyn. Mae i *Songs of Praise* gynulleidfa gyson o wyth miliwn. Yr oedd gan *Highway* ar ITV gynulleidfa bron mor niferus, a chan fod y ddwy raglen yn ymddangos ar yr un amser yr oedd y gynulleidfa gyfunol oddeutu un filiwn ar bymtheg, sydd dros 20 y cant o'r boblogaeth. Yna, mae gan raglen *Today* ar Radio Pedwar sy'n cynnwys *Thought for the Day* gynulleidfa o rai miliynau. Mae gwrandawyr y rhaglen *Sunday* yn fwy niferus na darllenwyr *The Times*, y *Guardian* a'r holl gylchgronau enwadol gyda'i gilydd. Mae'r ymateb i'r rhaglenni hyn yn hynod o uchel hefyd. Yn dilyn y gyfres *Priestland's Progress* derbyniodd y BBC dros 24,000 o lythyrau. Yn ystod y Grawys 1986 bu i brosiect *What on Earth is the Church For?* gynnwys trigain mil o grwpiau gwrando lleol – tua 600,000 o bobl.

2. *Yr ail ffordd ymlaen*

. . . fyddai manteisio ar bob cyfle i gyflwyno set o werthoedd gwahanol ac amgenach. Ceir digon o gyfle i wneud hyn trwy'r radio lleol. Caiff arweinwyr yr enwadau gyfle trwy eu cyhoeddiadau cyhoeddus i annerch ac i siarad; bydd cryn sylw yn y wasg i rai o'r trafodaethau hyn. Bu i Archesgob Caergaint, ar un achlysur, ddefnyddio pregeth mewn gwasanaeth i'r CBI i gwestiynu moesoldeb y farchnad a gaiff ei gyrru yn unig gan gymhellion elw a phroffid. Fe wnaeth yr Archesgob presennol Rowan Williams, yntau, ddefnydd o'r cyfle mewn darlith i'r newyddiadurwyr (Mehefin 2005) gan dynnu eu sylw at y cyfrifoldeb moesol mawr a oedd ganddynt yn eu safle. Ond, ar y cyfan, mae'r gwahanol enwadau eglwysig yn rhy lywaeth i wneud datganiadau pendant ynglŷn â'r rhyfel yn Irac. Mi fyddai safiad a llais yr Eglwys ar faterion cyfoes o bwys yn siŵr o dynnu sylw'r cyfryngau.

Mae cyfle a rhyddid i bawb ohonom, nid yr arweinwyr yn unig, i leisio barn ar raglenni fel *Taro'r Post* a *Pawb â'i Farn, Papur a Phaned* a sawl rhaglen arall, inni godi'r ffôn, beth bynnag am godi'n llais. Ac er y byddwn yn laru'n lân ar y lleisiau gwichlyd yn stribedu rhifau ffôn yn ddryslyd o aneglur, cofiwn mai rhoi cyfle y maent inni leisio barn a dweud, o bryd i'w gilydd, fod *yna ffordd arall*, amgenach. Boed yn siop ryw yn agor yn Llandudno, y Llywodraeth yn caniatáu i dafarndai fod ar agor drwy'r nos neu bleidlais dyngedfennol neu'n rhyfel yn Irac, mi fyddai codi'r ffôn o argyhoeddiad Cristnogol yn llawer mwy pellgyrhaeddol na chodi llaw mewn Sasiwn neu Undeb. Dyma gyfle da i dorri monopoli'r arbenigwyr. Os yw'r Eglwys am gymryd yr egwyddor o urddas dyn o ddifrif fe allai gynnig i'r difreintiedig eu hawl i leisio barn. Onid drwy'r cyfrynau y clywyd am drueni'r tlodion du eu croen yn New Orleans wedi corwynt Katrina? Pa mor aml y cawn ni sylw moesol neu Gristnogol ar eitem o newyddion? Mae gan y cyrff eglwysig bresenoldeb ym mhob rhan o'r byd, bron, gyda phosibilrwydd a chyfle i gasglu newyddion heb eu datblygu. Fe geir ar sawl cyfandir asiantaethau newyddion a noddir gan yr Eglwys. Fel y dywed Eric Shegog, gyda thechnoleg wrth law, does dim rheswm paham na ellir cyd-drefnu rhwydwaith casglu newyddion wedi ei ganoli ar Gyngor Eglwysi'r Byd yn Genefa.

3. *Mae yna ffordd arall yn agored i'r eglwysi yn eu perthynas â'r byd*

Byd y cyfryngau, sef yr hyn a elwir yn 'hyfforddiant i adnabod a bod yn ymwybodol o'r dechneg electronig yma'. Fe sonnir am hyfforddiant mewn semioteg, sef dadansoddi delweddau fel cyfryngau i roi ystyr. Cynhaliodd ITV ymchwil ddiddorol iawn i werthfawrogiad y gwylwyr ar opera sebon boblogaidd *Coronation Street*. Yn annisgwyl braidd, fe ddaethpwyd i'r casgliad mai ychydig iawn o ddylanwad drwg neu anfoesol sydd ynddi i neb ei efelychu mewn bywyd bob dydd. Tybed nad oes yma faes trafod buddiol i'r eglwysi ynghylch rhaglenni fel yr operâu sebon: 'I ba raddau y mae operâu sebon yn ddramâu moesol ein dyddiau ni?'

Mae cyfle da inni hyrwyddo a hybu gwerthoedd Cristnogol trwy addysg foesol. Dangosodd Mesur Addysg Ddiwygiedig 1988, gyda'r pwyslais ar addysg grefyddol, yn glir y cyfle i'n holl ysgolion. Mae ymwybyddiaeth o'r cyfryngau (*media awareness*) yn rhan annatod o'r cwricwlwm mewn ysgolion uwchradd. Ond fel y rhybuddia Eric Shegog: 'If Christians are to influence the future moral climate in society, more effort has to be invested not only in schools, but also in our homes and our churches first, to sensitize our young to the moral dilemmas which will confront them.'[54] Bydd arnynt angen sgiliau i adnabod a deall sefyllfaoedd moesol, ac i fagu dewrder i sefyll i fyny dros yr hyn a gredant yn erbyn llifeiriant y mwyafrif. Mae ymdeimlo â'r ymwybyddiaeth yma o'r pwys mwyaf. Diolch i Undeb y Mamau: maent hwy wedi llywio'r ymarferiad hwn yn yr eglwysi, er bod cryn daith i fynd. Mae'n bwysig ein bod yn gwylio'r teledu yn ddeallus a meddylgar er mwyn inni fagu barn gytbwys. Un o'r peryglon ydi gwylio'n oddefol, yn ddifeddwl a chyson, gan fwydo i mewn syniadau cwbl groes ac estronol i'n diwylliant lleol a'r gwerthoedd Cristnogol.

4. *Y bedwaredd ffordd*

Dylid cefnogi'r gwerthoedd Cristnogol drwy gydnabod a gwerthfawrogi'r rhaglenni sydd eisoes yn gwneud hynny. Ffordd effeithiol o wneud hynny fyddai ysgrifennu at awduron a chynhyrchwyr y rhaglenni hynny i ddangos ein gwerthfawrogiad a chanmol y rhaglenni. Does dim tebyg i air cefnogol gan y gwylwyr neu'r gwrandawyr i'r awduron a'r cynhyrchwyr! Tybed a fedrid sefydlu gwobrau am raglenni a fyddai'n adlewyrchu consýrn Cristnogol am urddas dyn? Ond, fel y cyfeiriwyd eisoes, nid yw'r darlledwyr yn honni mai eu busnes hwy ydi newid cymdeithas; yn hytrach dadleuant mai adlewyrchu cymdeithas a wnânt. Ond, bid a fo am hynny, mae'n bwysig iawn fod yr eglwysi ac aelodau unigol yn ymroi i greu amgylchedd lle bydd gwerthoedd moesol yn cyfrif.

Mae Eric Shegog yn cloi ei erthygl dreiddgar ar gyfathrebu crefyddol yng nghyd-destun operâu sebon ar nodyn digon gobeithiol; wedi asesu'r sefyllfa a chodi pont rhwng yr Eglwys a'r cyfryngau torfol, daw i'r casgliad fod yr amser yn addas i'r Eglwys fanteisio ar y gwagle moesol. Bron na chlywir ganddo dinc o athrawiaeth dameg y Mab Afradlon, fel yng nghân George Lewis:

Blinais, blinais ar y wlad
Lle mae pechu;
Am ddod adre' i dŷ fy Nhad
'Rwy'n hiraethu.

Pennod 4

ARGYFWNG YN GORFODI NEWID

Mae testun y bennod hon yn asesiad eithaf cywir o'r sefyllfa grefyddol yn ein gwlad heddiw ac yn wir ar hyd a thraws gwledydd Ewrop. Bu'r argyfwng hwn yn destun trafod ac asesiad ym mhob llys enwadol dros yr hanner canrif diwethaf. Tueddwn i wneud crefydd o'r argyfwng. Heb os, rhoesom lawer gormod o sylw i'r argyfwng ar draul anwybyddu'r newid. Mae hi'n llawer haws cwyno'n felancolaidd nag wynebu her i newid. Fel Pedr gynt yn y llys, rydym ninnau yn aros i weld y diwedd.

Ond mae cynsail i'r argyfwng presennol. Yn ôl André Dumas, a ddyfynnir gan Michael Rogness yn *Preaching to a TV Generation*, creodd technegau clywedol goblyn o broblem i Brotestaniaeth a oedd yn datblygu yn ystod oes aur argraffu. Ond er mor gywir yw'r gosodiad, eto nid yw'n ein helpu i ddeall arbenigrwydd neilltuol Protestaniaeth a ffurfiwyd yn ystod y cyfnod arbennig yna yn hytrach nag unrhyw gyfnod arall. Yr oedd y Diwygiad Protestannaidd a darganfod argraffu yn perthyn i'r un cyfnod yn union. Bu i'r dechnoleg newydd – argraffu – hybu a nerthu'r Diwygiad, ond fe greodd siocdonnau enbyd. Daeth y Beibl ac ysgrifau o'r Efengyl yn llythrennol i bob cartref llythrennog drwy'r wlad, a hynny o fewn degawdau. Cafodd hyn effaith ddigon tebyg i'r hyn a gaiff y teledu heddiw. O gofio pwyslais amlwg y Diwygiad ar y Beibl – Gair Duw – gallwn ddychmygu'n hawdd mor amlwg fu'r chwyldro o argraffu'r Beibl. I ryw raddau, rydym wedi tramwy'r ffordd hon o'r blaen: 'does dim yn newydd dan yr haul'.[55]

Y mae a wnelo gweithgareddau pob crefydd – boed Gristnogaeth, Islam, Bwdaeth neu Hindŵaeth – ag addoli, dysgu a chenhadu, ac mae'n rhaid iddynt wrth gyfryngau i gyflwyno'u neges i gynifer ag y bo modd. Bu pregethu yn un o'r cyfryngau pwysicaf i bob cangen grefyddol, yn arbennig felly i Gristnogaeth ac yn brif gyfrwng i'r enwadau yng Nghymru. Pregethu fyddai'r prif achlysur yn holl uchel wyliau'r enwadau. Ar achlysur agor gorsaf radio Gymraeg y BBC yn nauddegau'r ganrif ddiwethaf, fel y cyfeiriwyd, mi fanteisiodd John Lewis, Maer Abertawe, ar y cyfle i roi eitha plwg i *bregethu*: 'Cymaint fyddai dylanwad John Elias o Fôn a Christmas Evans pe baent wedi cael y fath gyfrwng â hwn i gyfarch y genedl gyfan mewn un oedfa.' Fel cyfrwng i hybu pregethu y gwelai'r Maer y radio.

Ym mhumdegau'r ganrif ddiwethaf y bregeth a phregethu oedd prif waith y diwinyddion. Yr oedd y diwinydd enwog Rudolf Bultmann yn bregethwr rheolaidd; mi bregethai ar ddadfytholi heb flino'i gynulleidfa! Bu i Karl Barth yntau, yn fwy na neb, gydio diwinyddiaeth a phregethu â'i gilydd. 'Dylai diwinyddiaeth fod yn ddim amgen na darparu pregethau,'[56] meddai. Mor ddiweddar â diwedd y saithdegau bu i'r Parchedig J. R. Roberts ddewis *pregethu* yn destun i'w Ddarlith Davies. Mae'n amlwg y bu gan bregethu gyfraniad neilltuol iawn i hybu'r tair agwedd yma o weithgarwch yr Eglwys.

Addoli

Bu pregethu yn ganolog i'r Ymneilltuwyr yn eu holl weithgareddau. Ni ellid meddwl am unrhyw oedfa heb i bregethu fod yn brif ran ohoni. Fel y cyfeiriwyd eisoes, tuedda gor-bwyslais ar bregethu i anwybyddu agweddau a gweithgareddau eraill hynod o bwysig mewn addoliad. Rhoes yr Eglwys Anglicanaidd bwyslais mawr ar wasanaethau ffurfiol, gan gyd-weddïo a chyd-siantio gweddïau printiedig. Ceir mwy o le i'r gweladwy yn eu gwasanaethau hefyd, yn y ffenestri lliw o gylch yr allor wedi eu haddurno â gwisgoedd yr offeiriaid. Yn ystod gweinidogaeth y Parchedig Morris Pugh yn Eglwys Padrig Sant (Cemaes) byddai'n arferiad i blant yr ysgol elfennol ymuno mewn oedfa ddiolchgarwch yn Eglwys y Plwyf. Erbyn dechrau'r chwedegau yr oedd ffydd pawb yn ddigon ystwyth i ymuno yn yr un gwasanaeth o flaen yr un allor, yn enwedig y plant. Erbyn diwedd y chwedegau yr oedd merch fach y gweinidog Methodist ymhlith y plant. Ar derfyn y gwasanaeth cerddai'r plant fesul dau yn gatrawd daclus i fyny ystlys hir yr eglwys. Safai'r person yn gorffyn byr yn ei wenwisg i gyfarch y plant gyda gwên ac ystum ceg. Pan ddaeth merch y gweinidog heibio, cyfarchodd Mr Pugh hi gyda chwestiwn reit naturiol: 'Oeddet ti'n lecio yn Capal Mr Pugh, Ruth?' Cafodd ateb wrth fodd ei galon. 'Oeddwn,' meddai'r plentyn, a thorrodd gwên foddhaus dros ei wyneb. Mentrodd y person gwestiwn arall. 'Capal dad 'ta Capal Mr Pugh ydi'r gorau, Ruth?' Cafodd y person ei foddhau'n fwy o lawer y tro hwn. 'Capal Mr Pugh,' meddai'r plentyn yn gwbl ddibetrus. Wedi canmol yr ateb mentrodd Mr Pugh gwestiwn cwbl naturiol arall. 'Pam fod Capal Mr Pugh yn well na Chapal dad?' Er bod y plant eraill o'r tu ôl ac o'r tu blaen yn ddigon anniddig erbyn hyn, cafodd Morris Pugh ei wobrwyo am ei amynedd. Meddai'r plentyn heb arwydd o ffalsedd: 'Mae yna ffenestri neis yn Capal Mr Pugh.' Doedd y groten bump oed yn deall dim o'r paderau undonog maith na'r emynau hen o lyfrau tamp a drewllyd. Ond fe gofiai'r plentyn yn hir y lliwiau llachar ar wisgoedd y patriarchiaid hen. Pan sbeciai haul gwan mis Hydref ar ffenestr ddwyreiniol y Llan, bu gwyrth i'r plant. Blysiai'r plant wrth weld y ffrwythau aeddfed a lliwgar ar silffoedd y ffenestri, yn wledd i'r llygaid ac yn flys i'r cyllâu. Aeth y Parchedig Morris Pugh i'w dŷ wedi'i foddhau yn fawr y diolchgarwch hwnnw.

Wedi'r cwbl, mae'r creiriau a'r canhwyllau, y sgrin a'r seraffiaid o'r pwys mwyaf i'r eglwyswr defosiynol. Nid rhyfedd i ddeon Eglwys Sant Paul wrthod caniatáu i'r BBC ddarlledu'r Gosber o'r Gadeirlan honno yn 1926 oherwydd, yn ei dyb ef, y byddai'r meic yn tresbasu ar fan mor gysegredig â'r allor. Yr oedd Neil Postman yntau o'r farn nad oedd y cyfryngau torfol yn gymwys nac yn deilwng i arwain mewn addoliad Cristnogol gan fod sgrin y teledu wedi ei llygru â hysbysebion llygredig. Mynnai Postman fod darlledu yn troi crefydd yn adloniant.[57]

Ond i'r Ymneilltuwr y bregeth yw canolbwynt yr addoliad; saif y pulpud yn y canol fel pe bai'n hawlio sylw pawb tra yn yr eglwys esgobol y mae'r pulpud fel pe bai'n cefnu ar yr allor i wynebu'r gynulleidfa. Disgwylir i'r offeiriad droi at yr allor i gyfarch y Drindod cyn dechrau pregethu. Ond dyma brif gyfrwng Ymneilltuaeth fel rhan allweddol eu haddoli. Cwestiwn y capelwr ar ei ffordd i'r oedfa fyddai, 'Pwy sy'n pregethu?' a sôn am y bregeth a wna ar ei ffordd allan hefyd.

Ffurf arall ar addoliad gan yr Eglwys ac yn arbennig gan yr Ymneilltuwyr yw canu emynau ac mae siantio'r Salmau lawn pwysiced i'r Eglwyswyr. Cafodd *Caniadaeth y Cysegr* gryn sylw gan gapelwyr, yn arbennig yn ystod diwygiadau. Bu'r gymanfa ganu bron cyn uched â chyrddau mawr i'r Ymneilltuwyr a buont yn ffurf hynod o boblogaidd drwy'r blynyddoedd. Yn wir, onid y gymanfa ganu yw un o'r dulliau o addoli sy'n cadw'i chynulleidfa orau o ddigon heddiw? Fel y dywed yr Athro D. P. Davies o Goleg y Brifysgol, Llanbedr Pont Steffan: 'Y mae geiriau emynau Cymraeg er nas deellir yn dal i ennyn rhyw atseiniau, dichon o ansawdd grefyddol, er bod lle i amau hynny.'[58] Yn ôl yr Athro Davies ni ddylid rhoi cymanfa ganu yng nghategori addoliad o gwbl. Pwynt digon dadleuol yn siŵr.

Addysgu

Dyma rôl arall o eiddo'r Eglwys. Y ddau air pwysicaf yn hanes yr Eglwys Fore, yn ôl y Testament Newydd, yw *Kerygma* a *Didache,* dau air Groeg sy'n golygu *pregethu* a *dysgu*, dwy swydd gweinidogaeth y Gair. Tasg genhadol oedd i'r pregethu i rai o'r tu allan. Swyddogaeth y dysgu oedd helpu'r Cristnogion cynnar i fyw yr Efengyl drwy roi safonau a chanllawiau iddynt.[59]

Daeth yr Ysgol Sul i'w bri yn Oes Fictoria a bu'n gyfle euraid i blant Cymru o bob dosbarth gael mantais addysgol. Yn ôl Ambrose Bebb yr oedd dulliau'r Ysgol Sul Gymraeg yn tra rhagori ar ddulliau'r dosbarthiadau allanol dan nawdd y Brifysgol. Cyplysai'r dull hwn draethu a thrafod gyda'i gilydd gan wau gofyniad ystyrgar ac awgrymiadol i mewn i'r naill a'r llall. 'Dyma ddull, yn nwylo athro da, nad yw'n annheilwng o Socrates ei hun,' meddai Ambrose Bebb.[60]

Ond bellach, fe gollodd yr Ysgol Sul afael ar blant Cymru am sawl rheswm. Mewn diwylliant â'i bwyslais yn fwy o lawer ar y gweledol na'r llafar, mae hi'n gosbedigaeth i blant orfod eistedd yn llonydd i *wrando*. Cawsom athrawes newydd, athrawes fodern – y *teledu*. Mae'r teledu'n hawlio mwy o'n hamser a'n sylw na'r holl gyfryngau eraill gyda'i gilydd. 'Does dim raid gwisgo'n lân a del ar bnawn Sul; daw'r athrawes hon atom i'r tŷ. Mor wahanol yw'r cyfryngau eraill a feddwn – y Capel a'r Eglwys, y theatr, y neuadd, y pictiwrs a'r ysgol. A does dim raid wrth lythrennedd ychwaith. Yn wahanol i'r llyfr printiedig cyfranna hon wybodaeth ac addysg i'r diaddysg a'r anllythrennog. Fe gyflwyna'r teledu ei storïau i blant ac i bobl hŷn gan ddweud ei neges a'i stori wrth y gynulleidfa fwyaf amryfal a fu erioed. Mae Neil Postman yn amheus o'r athrawes fodern; yn un peth, ni all y plentyn gwestiynu'r athrawes fel yr arferid holi rhyw Anti Jane garedig. Ond fe gytuna Postman y gwna'r teledu gyfraniad neilltuol i addysg ac addysgu trwy ddangos fod dysgu ac adloniant yn anwahanadwy. Mae'r Pabyddion yn gefnogol iawn i'r teledu fel cyfrwng i gyflwyno addysg grefyddol, yn arbennig i blant. Ceir erthyglau da ar y pwynt yn eu cylchgrawn, *New Catholic World,* gyda'r is-deitl awgrymog: *An Educational Resource Tool for Use in a Parish Religious Education Programme, Home Study and Discussion Groups.*

Ond, heb os, rôl bwysicaf pob crefydd a Christnogaeth yn arbennig yw – *CENHADU.*

Her olaf Iesu Grist i'w ddisgyblion cyn eu gadael oedd, 'Ewch i'r holl fyd a phregethwch yr Efengyl' (Marc 16:15). I'r diben o genhadu bu pregethu yn un o brif gyfryngau'r Protestaniaid. Arferai'r

Parchedig David Williams, Llanwnda (1835–1920), ddweud: 'Oedfa'r bore i adeiladu'r saint ac oedfa'r hwyr i achub pechaduriaid!' A byddai'n ychwanegu â'i dafod yn ei foch – 'ac oedfa'r p'nawn i ladd y pregethwr'.[61] Ar derfyn oedfa'r hwyr arferid gofyn, gan gyfeirio i'r seddau cefn, a oedd rhywrai wedi aros yn y seiat, neu eu rhoi eu hunain yn aelodau o'r Eglwys? Fe gyfeiria Thomas Rees at angerdd a chonsýrn yr Ymneilltuwyr cynnar yn eu gyrru o'r Eglwys Wladol am nad oedd iddynt ryddid i bregethu a chenhadu'r Efengyl heb ffin na therfyn.[62]

Mae'r tair rôl arbennig yma o eiddo'r Eglwys mewn dirfawr argyfwng fel y bydd raid wrth fesurau drastig i achub y sefyllfa ac fe gytunwn fod yr amser yn brin. Mae'r cyfryngau a gyfrifid gynt yn gwbl hanfodol i waith yr Eglwys bellach yn aneffeithiol.

Cyn wynebu *her y newid* fe sylwn ar natur yr *Argyfwng.*

1. *Pregethu mewn Argyfwng*

Mae pregethu mewn argyfwng! Mae rhai yn amau gwir effeithiolrwydd ac yn wir y posibilrwydd bellach o siarad yn ddeallus â chynulleidfa o gefndiroedd amrywiol: hynny yw o ran eu cyrraeddiadau addysgol neu brofiadau crefyddol. Mae pob cynulleidfa a gaiff y pregethwr mor amrywiol mewn dysg a dawn. Mi fyddai'r athro ysgol neu goleg yn eu dosbarthu'n syth. Oni fyddai *trafodaeth* yn ddull llawer iawn mwy effeithiol i gyfathrebu â chynulleidfa mor amrywiol? Mae llawer iawn tu fewn a thu allan i'r Eglwys bellach o'r farn fod pregethu yn rhywbeth mympwyol a hynod o henffasiwn fel cyfrwng i gyfathrebu gwirionedd yn yr unfed ganrif ar hugain.

I'r genhedlaeth hŷn mae'n syndod o'r mwyaf sut y daeth cyfrwng godidocaf Ymneilltuaeth Cymru i'r fath argyfwng. Dan gyfaredd pregethu yr arweiniwyd ein cenedl i addoli, o enau y pregethwr y dysgwyd ni ac y meithrinwyd ni yn nysgeidiaeth y Ffydd Gristnogol ac onid pregethu oedd prif erfyn y diwygiwr a'r efengylwr i ennill ac i achub y werin? Fe'n gorfodir i ymateb i'r fath sefyllfa – *pregethu mewn argyfwng*? Ond beth bynnag yw'n hymateb fe gred rhai fel David Norrington nad oes lle bellach yn yr Eglwys i *bregethu*. Ac o ganlyniad nad oes unrhyw reswm i geisio ailddysgu gwrandawyr i werthfawrogi dull poblogaidd ddoe.[63] Mae rhai gweinidogion wedi arwain eu cynulleidfa oddi wrth y syniad o gael pregeth gyson ac wedi troi oedfa yn gylch trafod, digon tebyg i'r hen seiat Fethodistaidd ers talwm. Tybed a yw dyddiau'r monolygyn, mewn bocs i fyny acw, chwe throedfedd goruwch ei gynulleidfa ac yn dweud y drefn nerth esgyrn ei ben i gynulleidfa fud a llonydd heb hawl na chyfle i ddweud bw na be, bellach drosodd. Holi y mae'r awduron diweddar, oni fyddai ffilm, dawns (hyd yn oed), a phrofiadau cerddorol, yn atodiad, os nad yn dileu y gair llafar?

Yn y fath sefyllfa â hon mae'n bwysig nodi rhyw bethau cwbl amlwg yn yr amgylchedd rydym yn byw ynddo: yn wir fe'n boddir ni o dan gawodydd o'r fath gyfryngau – teledu, fideos a chyfrifiaduron fyrdd. Mae'r rhain yn rheoli pawb. Tybed a oes lle bellach i ffurfiau o gyfathrebu sy'n dibynnu'n unig ar ymgomio llafar? Ond na anobeithiwn, mi fu radio bron â diffodd a darfod amdani. Ond mae rhaglenni crefyddol radio wedi llwyddo i ddal eu gafael ac yn wir wedi cael llwyddiannau i ryw fesur, ac wedi llwyddo i wrthsefyll storm ffrwydrad y cyfryngau. Mae'r radio wedi cael rhyw fywyd newydd yn ystod y blynyddoedd diwethaf hyn, gan gynnwys darlledu crefyddol. Cred yr efengylwr hwnnw o'r America, Stewart Hoover: 'Nid yw'r fath ddatblygu mewn technolegau cyfathrebu yn golygu ei bod hi'n dranc ar bregethu!'[64] Eto, rhaid rhoi ystyriaeth i awduron y ddau ddegawd diwethaf sy'n ymgodymu â'r cwestiwn sut y mae cyfathrebu'n llafar mewn amgylchedd sydd wedi ei drwytho gan y cyfryngau torfol. Mae pob pregethwr bellach dan bwysau i ddysgu iaith a ffurfiau y ffilm a'r teledu. Mae Paul S. Wilson yn cymell pregethwyr i 'greu pictiwrs efo geiriau'.[65] Onid oedd hen bregethwyr Cymru'n bencampwyr yn y gelfyddyd honno? Fe ddywedir y medrai'r Parch. John Williams, Brynsiencyn, ddisgrifio'r Niagra wrth bregethu nes y clywai'r gynulleidfa ym Mrynsiencyn swn dŵr y rhaeadr honno!

Ond bellach, fel y cawn sylwi, dyw pobl ddim yn gwrando mor astud ac ystyriol ar bregethau ag yr arferent, na chyda'r un hyder. Mae traethu cyhoeddus wedi ei weddnewid yn llwyr bellach. Byddai'r hen bregethwyr yn gwisgo'u hapeliadau gydag angerdd ac yn gynhyrfus ar brydiau. Rydym erbyn hyn yn fwy tebygol o ymateb i ddull mwy ymgomiol a digynnwrf nag i huodledd llifeiriol. Lle gynt y bytheiriai'r pregethwr, bellach mae cynulleidfa'r teledu yn disgwyl yn hytrach rethreg mwy cyfeillgar a chymodlon. Dyma ddisgrifiad Goronwy o Fôn o bregethu yn y ddeunawfed ganrif yn ei lythyr at William Morris, 30 Ebrill 1753 yn disgrifio Person Walton: 'Hyn a allaf ei ddywedyd yn hŷ am dano, na chlywais i ermoed haiach well pregethwr, na drigrifach, mwynach, ymgomiwr.'

Beirniadaeth arall ar bregethu traddodiadol yw'r ffaith mai sioe 'y band un dyn' ydyw i genhedlaeth neu gynulleidfa sy'n fwy cyfarwydd â deialog neu drafodaeth. Daeth y pregethwr yn ddim ond *llef* yn murmur mewn eglwys wag yn ceisio cystadlu â'r dulliau trawiadol a ddefnyddir gan gynhyrchwyr sgilgar teledu a ffilm. Mae gan Amos Wilder ddisgrifiad effeithiol iawn o'r sefyllfa gomig drist: 'The preacher is like a man speaking into a dead microphone,'[66] ac fe gytuna awduron fel Fred Craddock er dechrau saithdegau'r ganrif ddiwethaf fod llefaredd a geiriau wedi colli llawer iawn o'u grym gwreiddiol. Daw geiriau atom bellach trwy amrywiaeth o gyfryngau. Mae'n amlwg fod ein diwylliant cyfoes yn ffafrio'r llygad ar draul y glust. Yn naturiol y mae'r gogwydd hwn at y gweledol wedi tanseilio cryn dipyn ar rym geiriau ac wedi trawsnewid eu swyddogaeth hefyd.

Dyna beth o'r damcaniaethu sydd ynglŷn â *phregethu* erbyn heddiw gyda lleisiau clir yn collfarnu'r cyfrwng arbennig hwn a fu mor ganolog i genhadaeth yr ymneilltuwyr. Bu cân enwog Madonna, 'Papa Don't Preach', a ddringodd i frig y siartiau mor bell yn ôl â 1986, yn gadarnhad i esgus yr ifanc i roi mwy o bwyslais fyth ar y disgrifiad '*boring*' o bregeth ac o bregethu ac erbyn hyn mae'r genhedlaeth honno'n bobl ifanc ganol oed ac yn rhieni. Eto, rhywfodd, tra wyf yn dal i gredu mewn pregethu, rwy'n derbyn fod raid i bregethu newid neu o leiaf mi fydd raid 'pregethu'n wahanol' gan sylwi ar y cyd-destun cyfathrebu cyfoes a sylwi'n arbennig ar yr argyfwng sy'n wynebu'r pregethwr.

Mae'r argyfwng hwn yn codi sawl her reit ddifrifol i'r neb sy'n ceisio gwahodd eu gwrandawyr i gyfranogi o'r neges Gristnogol. Yn wir fe'n temtir i ofyn, pa lesâd gwahodd y tair miliwn sy'n barod i ddod i'r eglwys, pe caent wahoddiad (yn ôl yr asesiad gan Elusen Gristnogol Tearfund), oni allwn gyflwyno iddynt y neges Gristnogol mewn iaith a delweddau cyfoes? Her arall i'r pregethwr heddiw yw'r gynulleidfa bensyniol sy'n anghyfarwydd ag eistedd yn hir i wrando ar un siaradwr. Does dim yn fwy tebyg o ladd hyder y pregethwr na sylweddoli ei fod yn cystadlu am ei gynulleidfa â dulliau pwerus electronig y mae ei gynulleidfa mor gyfarwydd â hwy.

2. *Argyfwng mewn Gwrando*

Rhan amlwg o argyfwng pregethu yw'r argyfwng mewn gwrando – y *gynulleidfa.* Mae'r gynulleidfa bellach yn gynefin â chael eu bwydo ar ddeiet o fideo ac o ganlyniad cânt gryn drafferth i dreulio'r bwyd geiriol a llafar a osodir ger eu bron Sul ar ôl Sul. Onid yw'r camdreuliad yn araf droi'n wlser poenus i'r gwrandawyr? Fe gyflwynwyd yr Efengyl yn y gorffennol yn bennaf trwy siarad a llefaru i'r bobl. Ond heddiw ar deledu mae pobl yn gwrando ac yn clywed yn gwbl wahanol i'r modd y gwrandawsant ac y clywsant yn y gorffennol. Yn ei oes a'i ddydd bu'r dull llafar yn effeithiol iawn. Fe sonia Amos Wilder fel y bu i'r Cristnogion cynnar ddefnyddio iaith ac idiomau'r bobol; nid rhyw iaith gysegredig ddieithr nac ychwaith iaith y dysgedigion nac yn siŵr rhyw iaith lesmeiriol ffansi. Yn hytrach defnyddient iaith bob dydd gydag acen leol gan gadw'n gyson at yr iaith frodorol a gwerinol. Yn ddiddorol iawn fe ddysgai Iesu Grist y bobl yn nhafodiaith y dydd, sef Aramaeg, ac nid yn iaith yr Ysgrythurau – Hebraeg. Ni phetrusodd yr Eglwys Fore erioed i gyfieithu ei eiriau i Roeg neu i iaith y bobl a efengyleiddid

– Lladin, Syrieg neu Gopteg.[67] Mi fyddai'r athro hwnnw, Jerry Schmalenberger, yn arfer cynghori ei ddisgyblion mewn coleg diwinyddol 'i gadw'u pregethu mor agos at y ddaear ag y bo modd'. Rhaid delio â manion bethau bywyd yn iaith bob dydd.

Ond, fel y gwelsom, mae teledu wedi newid dull a steil cyfathrebu i bobl. Dyma'r her bellach – sut y mae pregethu i gynulleidfa fel hon? Tydi hi ddim yn gweithio i arllwys gwin newydd yr Efengyl i hen grwyn dull ddoe o gyfathrebu (Mathew 9:17). Mae Michael Rogness yn eithaf beirniadol o addysg y weinidogaeth yn hyn o beth gan na chaiff yr ymgeiswyr eu cymhwyso i bregethu i gynulleidfa deledu.[68] Onid diben addysg yw ein gwneud yn ddarllenwyr ac yn ysgrifenwyr da ac nid yn gyfathrebwyr llafar. Cyfrwng llafar a gweledol yw'r teledu. Mae holl osgo addysg at ddarllen ac ysgrifennu. Yr athro mwyaf llwyddiannus yw'r un a chanddo restr faith o lyfrau a ysgrifennodd ac nid yr athro neu'r darlithydd sgilgar a chreadigol. Mor wahanol i'r hen Roegiaid gynt: iddynt hwy areithyddiaeth – siarad cyhoeddus, dadlau a thrafodaeth – oedd y prif hyfforddiant academaidd. Yn wir, er chwyldro Gutenberg fe yrrwyd llafaredd allan o addysg.

Nid rhyfedd i'r bregeth baru gyda'r ansoddair '*boring*' a hwnnw wedi'i dynnu'n hir fel elastig. Cofiwn, mi fedrai'r Apostol Paul fod yn ddigon *boring* nes syrthiodd un i gysgu!: 'Dyn ifanc o'r enw Eutychus yn eistedd wrth y ffenestr. Yr oedd hwn yn mynd yn fwy a mwy cysglyd wrth i Paul ddal i ymhelaethu' (Actau 20:9). Wel, pa obaith sydd gennym ni, bregethwyr cyfoes? Erbyn heddiw y mae'r teledu wedi gostwng trothwy diflastod yn is eto. Mae pobl yn diflasu'n llawer haws ac yn gynt o lawer erbyn heddiw.

Mae Michael Rogness yn dynodi rhai o nodweddion amlwg y gwrandawyr newydd sy'n dwyn goblygiadau clir a phendant i bregethu:

i) *Mae teledu'n trosglwyddo lluniau, nid syniadau*

Cyflwyno delweddau a wna'r teledu; dyw hi ddim yn addas i ddarlledu trywydd abstract o feddwl neu ddatblygu dadl yn rhesymegol; print yw'r ffordd orau i wneud hynny. Yn sylfaenol, cyfrwng gweledol yw teledu a than ei ddylanwad cyson daethom yn genhedlaeth y gweledol. Dadleua pobl na *welant* ddim wrth ddarllen, ond ar y teledu gwelant a chlywant. Mae'r teledu yn dodrefnu'r darlun i gyd yn barod ar gyfer y gynulleidfa – *gwylwyr.*

Gall y gynulleidfa ddeall ac amgyffred syniad neu amcan pan gyflwynir hwy gyda delwedd neu stori. Ond mae'r pregethwr yn gyncfin a chyfarwydd â phregethu esboniadol gan ymdrechu i egluro syniadau a phrofiadau; i gynulleidfa heddiw y mae'n gwbl hanfodol i'r pregethwr ddefnyddio eglurebau ac enghreifftiau o fyd ei gynulleidfa; gallant droi'r haniaethol yn ddiamwys. Cawn ddigon o enghreifftiau o hyn gan y proffwydi a'r Salmau ac mi fyddai Iesu Grist yn hoff iawn o ddefnyddio delweddau i gyfathrebu.

ii) *Mae teledu'n cyflwyno gwybodaeth mewn tameidiau neu drwy argraffiadau yn hytrach nag yn olynol*

Mewn llyfr fe ddatblygir syniadau a meddyliau mewn olyniaeth resymegol. Cyflwynir peth wmbredd o wybodaeth inni, mwy na all y cof ei gynnal fel hyn, ond mi fedrwn droi yn ôl dros yr hyn a ddarllenasom. Mae'r teledu'n gwbl wahanol: nid trwy olyniaeth y mae pobl yn derbyn eu gwybodaeth drwy'r teledu, ond yn hytrach trwy argraffiadau a thrawiadau. Nid rhyfedd fod yr hysbysebwyr yn defnyddio enwogion amlwg: mae'r rhain yn siŵr o wneud argraff arnom, wel, ar y rhelyw ohonom, a hynny ar ein hisymwybod. Mae'r dull yma o gyfathrebu yn siŵr o ddylanwadu ar y ffordd y mae pobl yn gwrando ar bregethau.

Gwyddom fel y byddai'n tadau a'n cyndadau yn medru dilyn datblygiad rhesymegol maith mewn pregeth. Roeddynt yn draethodau rhagorol, wedi'u hysgrifennu'n llawn ac yna eu darllen o'r pulpud. Fe ddywedir y byddai'r Parchedig John Williams, Brynsiencyn, yn sgrifennu ei bregethau bump neu chwech o weithiau er mwyn eu caboli. Mi fyddai gwrando ar draethodau o'r math yn destun cwsg melys i gynulleidfa'r teledu. Mae'n rhaid wrth y 'beitiau' i wrandawyr heddiw er mwyn bachu sylw'r bobl. Ond dyw hyn ddim yn newydd: bu i bregethwyr da drwy hanes yr Eglwys wneud hyn yn reddfol, gan gynnwys yn eu pregethau frawddegau byr a brathog ac eglurebau byw a da. Mae teledu yn ein gorfodi i wneud yr hyn a wnaeth pregethwyr da erioed.

iii) *Mae'r gallu i ganolbwyntio yn llawer byrrach*

Mae teledu masnachol wedi'n cyflyru ni, bawb, gyda thoriadau byr bob rhyw ddeng i ddeuddeng munud, os nad llai. Dyna gyfle da am baned neu bicio i'r cefn. Bellach y mae cynhyrchwyr pictiwrs yn bryderus iawn os aiff cyfarwyddwyr dros ddwyawr gan y byddai raid wrth olygfa ddramatig iawn ar y sgrin i ddal sylw'r gynulleidfa dros ddwyawr. Clywsom ddigon o sôn am feithder yr hen bregethwyr yn pregethu ac eto fyddai'r gwrandawyr ddim yn cwyno! Yr oedd fformat y ddadl enwog honno rhwng Abraham Lincoln a Stephen Douglas ym 1858 yn dair awr. Bu'r siaradwr cyntaf wrthi am awr a bu'r ail yn siarad am awr a hanner gan adael hanner awr i'r siaradwr cyntaf wrthwynebu. Erbyn heddiw, ar adeg etholiad, caiff yr arlywydd ddau funud i amddiffyn neu gyfiawnhau ei bolisi Dwyrain Canol. Gŵyr y gwleidydd yn iawn heddiw fod deugain eiliad bachog o sbot teledu ar amser newyddion yn fwy o werth fil myrdd na'r araith gaboledig faith. Mae llyfr Kate Moody yn ymdrin â dylanwad teledu ar allu plant i wylio a gwrando: 'Kids can't listen for any length of time, they can't pay attention!'[69]

Pa hyd ddylai pregeth fod? Rydym wedi hen gynefino yng Nghymru â gwasanaeth o addoli am awr a'r bregeth yn cael hanner awr o'r amser. Mi fyddai sôn ers talwm am bregethwyr ugain munud gyda tôn y llais yn mwy nag awgrymu bod hynny'n rhy fyr o lawer! Yn siŵr, mae'r bregeth awr wedi hen ddiflannu; fe ddywedir bod pregeth ugain munud i wrandawyr teledu yn rhy faith. Byddai pregethau yn gwella'n fawr pe caent eu tocio. Awgrymodd tiwtor wrth fyfyriwr diwinyddol wedi gwrando arno'n pregethu y byddai'n well iddo dorri hanner y bregeth gan ychwanegu: 'Fydd dim gwahaniaeth pa hanner!' Tybed nad yw hynny'n wir am bregethau llawer ohonom? Eto, nid y bregeth yw'r broblem yn ôl Michael Rogness, ond yn hytrach ddeunydd y bregeth. Oes yna elfennau ynddi a all lorio a dal sylw cynulleidfa? Mae pregethu i gynulleidfa heddiw yn hawlio pob cyneddf, dawn a gallu a fedd y pregethwr. Byddai rhai o'r hen bregethwyr wedi'u dihysbyddu'n llwyr wedi ambell oedfa bregethu: *un* oedfa felly a fyddai'n bosibl mewn diwrnod.

iv) *Rydym yn gwrando'n oddefol*

Fe ymddengys fod y teledu'n fwy personol na'r llyfr, ac eto yn ôl gwybodusion yn y maes yma, dyw hynny ddim yn wir. Mi fyddai'n anghwrteisi inni ddarllen papur newydd a chyfaill yn siarad â ni. Mi fyddai'n hynod o anghwrtais i godi a gadael yr ystafell a ninnau ar ganol sgwrs. Ond mi rydym wedi hen gynefino ag ymddwyn fel yna pan fydd siaradwr y teledu'n siarad â ni. Fe wnawn bob math o bethau pan fydd pobl y teledu'n siarad â ni – merched yn gwau, darllen papur newydd gan daro ambell gilwg at y sgrin, golchi llestri a llu o weithgareddau dibwys eraill. O ganlyniad, mae'r teledu wedi codi cynulleidfa oddefol ac anghwrtais. Mae'r dylanwad hwn yn amlycach fyth, yn ôl Kate Moody, ymhlith plant: dyma gŵyn y plant anfoddog: 'I can't hear it without pictures'. Rydym ninnau wedi'n cyflyru i wrando â darn o glust, ac rydym yn rhyfeddol o hawdd i'n llygad-dynnu. Onid dyma gynulleidfa'r eglwys a'r capel – gwrando am bwl yna symud i feddwl am rywbeth arall, yna'n ôl at y bregeth ac yn ei chael hi'n anodd cysylltu â'r pregethwr druan? Un canlyniad i'r gwrando goddefol hwn yw iddo droi'n wrando arwynebol iawn. Wrth gwrs, does dim rhaid rhoi sylw i'r person ar sgrin y teledu: cawn wrando â hanner clust. Fe haera pobl ifanc a dyfodd i fyny mewn diwylliant amlgyfryngol y gallant hwy wrando a deall yn effeithiol. Gweithiant ar eu gwaith cartref o flaen y teledu ar ucha'i lais a chael sgwrs â ffrind ysgol gyda'r ffôn symudol yn y glust arall!

Mae'n wir fod gan y pregethwr fantais ar y teledu gan ei fod yn wynebu'r gynulleidfa'n bersonol; o ran cwrteisi bydd raid rhoi'r argraff ein bod yn gwrando. Gall ein meddyliau fod yn bell bell o'r oedfa. Rydym mor naturiol gynefin â gwrando'n oddefol ac arwynebol a thueddwn i golli'r ddawn i wrando o gwbl. Caiff y gwrandawyr goddefol gyfle i ddianc pan fydd y pregethwr neu'r siaradwr yn pori ar ei drwyn yn ei nodiadau heb godi'i ben. Pan gollodd y pregethwr lygaid ei gynulleidfa fe gefnodd pawb arno. Profiad ofnadwy i bregethwr ydyw colli'r gwrandawyr. Fe ŵyr siaradwyr teledu'n reddfol y collant eu gwrandawyr a'r cyffyrddiad personol os darllen eu sgript a wnânt. Dyna paham y defnyddiant y teleweinydd er mwyn rhoi'r argraff nad ydynt yn darllen. Os oes raid i bregethwr gael nodiadau dylai ei hyfforddi ei hun i'w cuddio rhag ei wrandawyr. Rhaid defnyddio pob dull a modd mewn eglurebau bachog a storïau byw a newid llais a goslef. Mae yna ffyrdd i ysgytio cynulleidfa amryfus a di-hid i ddal sylw a gwrando.

v) *Mae teledu'n gyfrwng cyfathrebu sy'n gyfuniad o'r geiriol a'r aneiriol*

Mae gwahaniaeth dybryd rhwng cyfathrebu trwy deledu a chyfathrebu trwy air printiedig. Un gwahaniaeth amlwg yw'r ffaith nad yw awdur yr hyn a ddarllenwn ddim yn cyfrif dim o bwys, na sut y llefara na sut yr ymddengys. Mae'r gair printiedig yn addas iawn i drafodaeth ddifrif am y rheswm syml nad yw personoliaethau'r awduron yn tynnu sylw oddi wrth y mater a drafodir. Mae'r teledu'n gwbl wahanol gan y gwelwn ac y clywn y sawl sy'n siarad. Pan fydd rhywun yn siarad ar y sgrin, mae argraff eu geiriau yn anwahanadwy oddi wrth syniad y gwrandawr amdanynt fel personau. Mae hyn yn gweithio ddwy ffordd. Ar y naill law, mae'r gynulleidfa'n synhwyro'r credadwy fel y byddont yn clywed ac yn gweld rhywbeth. Mae'r siaradwr sy'n cyfleu diffuantrwydd ac argyhoeddiad yn fwy credadwy na'r siaradwr hwnnw sy'n nerfus ac ansicr er bod y ddau'n llefaru yr un geiriau. Dylid cofio fod y teledu'n creu ac yn magu llawer iawn o sgeptigaeth. Mor hawdd yw i siaradwr sebonllyd a fyddo'n ein cyfareddu wneud argraff arnom. Eto bydd pob greddf ynom yn ein harwain i feddwl ddwywaith.

Onid cymeriadau dethol – arwyr enwog – wrthi'n ceisio'n perswadio i brynu'r car arbennig yna ac i ymolchi â sebon neilltuol, a ninnau'n gwybod yn iawn na yrrant y car hwnnw nac ychwaith ymolchi â'r sebon yna.

Wrth sylwi ar y fath effaith a gaiff teledu ar ein cynulleidfa, mae'n gwbl naturiol inni ddigalonni ac anobeithio. Sut ar wyneb y ddaear y gallwn gyfathrebu wrth lefaru wrth bobl sy'n arfer cael eu dysgu gan deledu? Ond na ddigalonnwn; gadawn i'r argyfwng ein gorfodi i *newid*. Rhaid inni weld ein pregethu o safbwynt ein gwrandawyr. Golyga hyn ein rhoi ein hunain yn eu llygaid, eu meddyliau a'u clustiau. 'Meddyliwch,' meddai Donald Macleod, 'am y gynulleidfa sy'n eistedd o'ch blaen bob bore Sul gyda'u meddyliau crwydrol, aflonydd a gwibiog.'[70] Buont am chwe diwrnod dan ddylanwad cyson hysbysebion y teledu – y brathiadau byr bachog yn cynnig inni'r car mwyaf llachar mewn hanner munud o amser, llai o amser nag a gymerodd i'r pregethwr roi ei destun a phesychu. Onid yw'n resyn inni adael i'r bobl gynefino â'r Efengyl nes ei gwneud yn rhywbeth diddrwg-diddan, cwbl ddiafael. Mi ofynnodd Walter P. John drigain mlynedd yn ôl yng nghynhadledd Bedyddwyr Prydain ac Iwerddon: 'How is the Gospel to recover its news value at the present time?' Heb os, bydd raid cynnig yr Efengyl gyda dulliau gwahanol o ymadroddi – ymadrodd dramatig, artistig a fyddo'n gyfryw i wahodd pobl i ymuno mewn ymgom a sgwrs. Fe gred Richard Jensen fod raid symud i batrymau neu fodelau mewn pregethu, os am gyrraedd pobl heddiw. Symud o 'feddwl mewn syniadau', sy'n nodweddiadol o ddiwylliant y print, i 'feddwl mewn stori'.[71] Rydym yn dal i feddwl mewn syniadau ac wedi dysgu pregethu felly – pregethau'n llawn syniadau. Bydd raid inni ddysgu sut i feddwl mewn storïau. Yr oedd homilïau Iesu Grist yn llawn storïau o ganol manion bethau bywyd – plant yn chwarae yn y farchnad a phobol yn gwerthu adar y to gydag abwyd yr archfarchnad – 'dau am bris un'! Mae areithwyr a phregethwyr da yn areithio neu'n pregethu'n lliwgar ac yn wreiddiol wrth reddf. Ond heddiw, yn oes y cyfathrebu gweledol, y mae o'r pwys mwyaf fod pregethwyr yn creu darluniau concrit ym meddyliau eu gwrandawyr.

Tueddai'r hen bregethwyr i anwybyddu eu cynulleidfa a châi ambell un hwyl ar gondemnio'i gynulleidfa gan ddweud y drefn yn gyhoeddus. Câi'r gynulleidfa'r bai am bob nam, a bai, ar y pregethwr ei hun. Os âi rhywun i gysgu yn yr oedfa, wel, dyna bechod anfaddeuol! Ni feddyliai'r pregethwr am eiliad, tybed ai ei fethiant ef fel pregethwr i'w cadw'n effro a oedd i gyfrif. Yr oedd hi'n gonsgripsiwn i fynd i'r oedfa, boed hen neu ifanc, erstalwm, a busnes y gynulleidfa oedd *gwrando* am dros awr! Y fath gosbedigaeth dan weinidogaeth ambell un. Bellach y mae hi'n argyfwng mewn gwrando. Rhaid i'r Eglwys, ac yn arbennig y pregethwr, gymryd dalen o lyfr y masnachwr: 'The customer is always right'! Fel y gwelsom bydd raid i'r pregethwr eistedd lle yr eistedd ei gynulleidfa neu mi fydd wedi ei cholli. Mae'r argyfwng hwn yn galw am *newid* diymdroi.

3. *Argyfwng mewn Hyder*

Nid yw'n rhyfeddod yn y byd, gyda phregethu a gwrando mewn argyfwng, i'r pregethwr yntau golli ei hyder yn y fath amgylchiadau. Mae'r gweinidog a pherson y plwyf wedi colli eu lle yn y gymdeithas leol: nid hwy yw'r unig rai a gafodd addysg bellach; dim ond llais ymhlith lleisiau ydynt. Mae hi'n gryn gystadleuaeth i ennill clust a sylw'r bobl erbyn hyn. Tydi'r pregethwr yn ddim ond amatur bach, digon diddeall, ym myd y cyfathrebwyr proffesiynol. Agorwyd y llifddorau i bob llun a lliw o ddelweddau a storïau nes peri i bobl amau addasrwydd y Ffydd Gristnogol. Ceir rabbi Iddewig yn dadlau ag ysgolhaig y Testament Newydd ynghylch dilysrwydd hanesyddol yr atgyfodiad ar y sgrin yn y gegin amser swper. Daeth cynulleidfa'r pregethwr yn fwy beirniadol ac amheus gan erydu ei awdurdod yn fwyfwy o hyd. Mor bell yn ôl â chanol y saithdegau ceir ysgrif yn yr *Expository Times* (Mai 1977) fel hyn am sefyllfa'r offeiriad a'r gweinidog: 'Yr ydym yn byw mewn oes wrth-awdurdod a chymdeithas goblyn o egalitaraidd. Aethom yn amheus o'r arbenigwr ... Thus the person in the pulpit is felt to belong to a by-gone age and to be opposed to values which are held dear by Christians as well as humanists.' O ganlyniad i gwestiynu awdurdod daeth perthynas newydd rhwng siaradwr a gwrandawr. Yn union fel y bu i'r ferch fynnu ei hannibyniaeth oddi wrth awdurdod ei thad yn *Papa Don't Preach,* felly hefyd y myn y gwrandawyr eu rhyddid oddi wrth awdurdod traddodiadol pregethwyr. Nid rhyfedd y cydnebydd sawl pregethwr bellach fod pregethu mewn anhrefn llwyr; collasant bob hyder ym mhwysigrwydd a gwerth pregethu. Mae rhywbeth mawr o'i le os teimla pregethwr yn optimistaidd ynghylch pregethu. Aiff Jay Adams mor bell â dweud – 'Does dim rhaid i'r argyfwng presennol mewn pregethu fod; yn wir, ni ddylid ei ganiatáu'. Fe hawlia y try pobol o bob oed, yn arbennig yr ifanc, oddi wrth Grist a'i Eglwys gan bregethu dwl, diraddiol, anniddorol a digyfeiriad.'[72] Nid yn unig mae rhai sydd y tu allan i'r Eglwys wedi colli hyder mewn pregethu, ond mae'r rhai sydd y tu fewn hefyd wedi colli hyder. Ond fe ddylid nodi mai math neu ddull arbennig o bregethu sydd mewn argyfwng – y dull traddodiadol.

4. *Argyfwng mewn Method neu Ddull*

Myn sawl awdur ar bregethu mai argyfwng methodolegol yw argyfwng pregethu heddiw. Fel y bu inni sylwi fod gwylio cyson ar gyfryngau gweledol ar y teledu wedi arwain pobl i wrando ar bregethau yn llawer iawn llai ystyriol ac astud ac i fod â llawer llai o hyder mewn pregethu.

Bydd raid newid y dull a'r modd a cheisio trawsnewid llafaredd. Fe gred Kathleen Hall Jamieson fod teledu wedi newid areithyddiaeth gyhoeddus yn arw. Yn gynyddol mae huodledd yn weledol ac nid yn eiriol, fel y tybiwn. Gynt fe ddisgwyliem i negeseuau gael eu haddurno ag apeliadau angerddol, ond nid dyna'r dull bellach: fe ymatebwn yn bositif i ddull tawelach, dull ymgomiol. Gynt disgwyliai'r gynulleidfa gael ei gorchfygu gan araith nerthol, ond heddiw mae gwylwyr teledu'n disgwyl rhethreg gyfeillgar a chymodlawn.[73] Mae'r symud neu'r newid hwn lle mae huodledd yn ildio i'r dull ymgomiol yn naturiol ddigon yn siŵr o gael effaith ar ein dull o bregethu. Yr oedd huodledd yn hanfod y dull traddodiadol Cymreig o bregethu. Ond, bellach, dull sgwrsio a dawn y storïwr piau hi. Fe gyfeiriwyd eisoes at ddull neilltuol y Parchedig Idwal Jones o sgwrsio'n hamddenol ddifyr gyda'r unigolyn yn ei gadair. Nid pregethau wedi'u hysgrifennu'n ramadegol gywir fyddai gan Idwal Jones; yn hytrach sgwrsiai'n bwyllog a chwbl ddigymell, a dyma'n ddi-os yw'r dull a weddai heddiw. Mewn oes pan ellir cyfathrebu'n ddiatreg i bobl o wahanol ieithoedd a ffydd o gylch y byd, yna mae swyddogaeth geiriau wedi newid a bydd raid i'r pregethwr a phob siaradwr ddod i delerau â'r ffaith yna. Bellach nid grym y gair piau hi ond grym y ddelwedd i ddal a chadw cynulleidfa.

Yn wyneb hyn i gyd, a fydd raid ildio i'r teledu a throi ein haddoliad yn rhyw wib wyllt fel *Coronation Street,* ein pregethau fel *stand-up comedian,* a'n cylch trafod mor hwyliog â *Have I Got News for You!* A ydyw oes pregethu wedi mynd a phob seren dan gwmwl? Onid gwir dasg y pregethwr yw pregethu diwinyddiaeth iach? Mae hyn yn hynod o wir, ond erbyn heddiw y mae'r her rethregol cyn bwysiced â'r ddiwinyddiaeth, a dyma'r her i ni heddiw.

Ond na ddigalonnwn nac anobeithio gan y bu yr Eglwys y ffordd hon o'r blaen neu o leiaf ar hyd ffordd ddigon tebyg. Fel y gwelsom eisoes bu dyfodiad y wasg argraffu yn her aruthrol i bregethwr. Yn hytrach nac anobeithio fe welodd diwygwyr fel Martin Luther erfyn grymus yn y wasg argraffu i ledaenu eu pregethau ac i ddysgu'r gwrandawyr anllythrennog fel y gallent ddarllen y Beibl iddynt eu hunain cyn gwrando ar eu pregethau. Mae'r Athro Bernard Reymond yn gwneud y pwynt hwn yn glir: 'The Reformation and the invention of printing were concurrent events. This startling new technology certainly gave power to the movement, but it also sent out enormous shock-waves. Penetrating into every literate household, the Bible and the Gospel writings had an effect entirely comparable to that of TV today, reaching almost every home within a few decades.'[74] Onid yw'r sefyllfa heddiw, â'i holl gyfryngau i gyfathrebu, yn her newydd i'r Eglwys wneud defnydd ohonynt i'w dibenion? Daeth *pregethu* yn ddihangol trwy argyfwng y wasg a'r print a bu iddo elwa yn y broses gan wneud defnydd o'r rhwystrau yn hytrach nag anobeithio ac ildio. Fe noda Jolyon Mitchell y rhwystrau hyn yn ei gyfrol *Visually Speaking* (t. 24) a bydd yn help inni ystyried y newid a orfodir ar y pregethwr:

i) Wyncbir y pregethwr heddiw gan yr her o geisio llefaru (neu bregethu) i gynulleidfa sydd mor hawdd i'w llygad-dynnu ac sydd yn anghyfarwydd â gwrando ar unigolyn am amser hir.

ii) Gan fod cynifer o ffurfiau grymus electronig yn cystadlu am ddychymyg ei wrandawyr mae'n naturiol y bydd y pregethwr yn colli hyder mewn pregethu fel ffordd rymus o gyfathrebu bellach.

iii) Fel cyfathrebwr a feithrinwyd mewn diwylliant llenyddol, rhaid i'r pregethwr wynebu'r trawsnewidiadau mewn llafaredd tebyg i'r rhai hynny a ddefnyddir ar deledu a radio.

Rydym ni'n ymwybodol iawn, ers tro bellach, fod pregethu mewn argyfwng yn oeri ysbryd y gweinidog ac yn lladd brwdfrydedd y gynulleidfa. Dyma argyfwng sydd yn ein gorfodi i newid ac i drawsnewid. Bydd raid inni ystyried yr hen gelfyddyd o *bregethu* – pwy a feiddia? Dywedodd Rhian Gibson, Cyfarwyddwr Comisiynu S4C, ar raglen *Taro'r Post*, 18 Ebrill 2007: 'I'r neb sydd a wnelo â darlledu a theledu S4C yn arbennig, mae unrhyw newid yn siŵr o greu chwyldro mawr. Meddyliwch – newid *Dechrau Canu, Dechrau Canmol* – dim ond ychydig!' Wel, beth am newid pregethu! Bydd raid i'r pregethwr gydnabod a derbyn gwawr y byd electronig o gyfathrebu. Fel y dywed Richard Jensen: 'As the media changes and as people are changed by The Media, preaching must undergo significant change in order to communicate effectively.' Tybed a oes rhywun ar wahân i'r pregethwr yn defnyddio arfau ddoe at ei waith? Rydym yn pregethu heddiw i gynulleidfa deledu a'n pregethau wedi eu saernïo i gynulleidfa sy'n darllen ar batrwm can mlynedd yn ôl. Onid yw'r argyfwng yn gymaint o her nes ein gorfodi i newid ein ffordd a'n dull, hyd a chynnwys ein pregethau, ac yn arbennig yr iaith a ddefnyddiwn? Mae'r pregethwr wedi colli nabod ar ei wrandawyr; lledodd yr agendor rhyngddynt. Mae'n werth cadw mewn cof yn fwyfwy o hyd eiriau David Winter, Pennaeth Rhaglenni Crefyddol y BBC: 'It may be that we are now reaching the adult generation who have had no instruction in Christian faith.' Dywedodd Sydney Cave rywbeth digon tebyg rai blynyddoedd ynghynt: 'A society cannot live for ever by a faith it has abandoned. A time comes when the capital of the past is used up and an abandoned Christian faith ceases to provide the impulse to Christian character.'[75]

Os ydyw pregethu am adfer ei le a'i ddylanwad bydd raid rhoi ystyriaeth ofalus i lais y gynulleidfa ac ufuddhau i gynghorion ddoe a heddiw ar bregethu. Tybed nad yw safon pregethu'n rhannol gyfrifol am yr argyfwng presennol? Nid sicrhau bod yna *rywun* yn y pulpud a ddylid ond ymorol fod y sawl sydd i bregethu yn deilwng o'r fath gyfrifoldeb.

Mae'r Dr Robert Pope yn ein rhybuddio fod raid darganfod ffyrdd newydd o fynd â Gair Duw at y bobl. Fe ychwanega: 'Nid oes atebion hawdd i hyn', ac mae'n galw arnom i feddwl am y posibiliadau, a thrafod ac ymrwymo'n hunain iddynt. Ond mae'n werth nodi nad diwylliant darllen sydd gennym erbyn hyn. Nid mater o ddysgu pobl i ddarllen a rhoi Beibl iddynt yw'r dasg bellach. Diwylliant sydd wedi'i swyno gan ddelweddau symudol yw ein diwylliant ni; pethau gweladwy a rhyngweithiol sy'n dal y dychymyg. Byd y ffacs, y cyfrifiaduron personol, yr e-bost, y rhyngrwyd a'r we yw ein byd bellach, ac mae cyfnod y beiro, y papur a'r llyfr yn dirwyn i ben, o leiaf am y tro. Felly, mae angen bod yn sicr ynghylch yr hyn sy'n bwysig, beth yw cynnwys yr Efengyl, ac yna ddefnyddio dychymyg i ymryddhau o rai o'n ffurfiau cyfyngedig i fynd â Gair Duw allan.

Dyma oedd un o gampau'r Ymneilltuwyr yn y gorffennol. Pan oedd cyfundrefnau eglwysyddol yn methu, torri i ffwrdd a wnaethant; ymneilltuo, er mwyn pregethu'r Gair.[76]

A chadw'r gynulleidfa mewn cof, cynulleidfa sy'n gwrando'n hynod o arwynebol gyda'i chrebwyll a'i hamynedd i wrando'n fyr iawn, da fyddai cofio'r egwyddor sylfaenol honno – rhaid i'r bregeth fod yn *glywadwy*, yn *ddealladwy* ac yn *gofiadwy*. Mae'r tri chyngor yna mor addas ag erioed heddiw. Mi fyddai'r Parchedig John Macdonald, Is-warden Neuadd Burgess, Llanbed (1960–76), yn arfer cynghori'r myfyrwyr ynglŷn â phregethu: 'When you preach make sure that the youngest child in the front pew will understand you and make sure the old lady in the back pew will be able to hear you.' Mi fyddai'r Athro William Barclay yn arfer dweud y dylai pob pregethwr amcanu i roi i'w gynulleidfa: 'rywbeth i'w deimlo, rywbeth i'w gofio, a rhywbeth i'w wneud'. Dylai pob pregeth orffen gyda'r cwestiwn yma: 'What about it, chum?'[77]

Mae'n bwysig iawn symud y pwyslais oddi wrth bregethu cyhoeddol i bregethu sgyrsiol. Mae dyddiau'r band un dyn drosodd, pan oedd y fonolog yn traethu'n awdurdodol i gynulleidfa ddof a swil. Mae teledu, ar y llaw arall, yn ffynnu ar wrthdaro ac anghydweld. Cawn y gwrthdaro'n glir iawn rhwng tad a merch yn fideo Madonna – *Papa Don't Preach*. Ond fel y dywed Henry Eggold: 'Un o'r datblygiadau mwyaf gobeithiol ym mhregethu heddiw yw'r pwyslais ar bregethu fel deialog.' Dyma ymgais obeithiol iawn i feddwl am bregeth fel deialog rhwng *pregethwr* a *gwrandawr* yn hytrach na fel rhyw unawd anniddorol a difywyd.[78] Bydd raid symud oddi wrth y perfformiad pregethwrol a throi at y dull cartrefol a diseremoni o ymgomio. Onid yw cynulleidfaoedd bychan heddiw yn gwahodd y dull yma? Dyma'r dull a ddewisodd Iesu Grist – pwy fyddai fyth yn cefnu ar y dyrfa ac yn encilio gyda'r grŵp bychan? 'Pan welodd Iesu'r tyrfaoedd, Efe a esgynnodd i'r Mynydd, ac wedi iddo eistedd ei ddisgyblion a ddaethant ato.' (Mathew 5:1)

Mae rhai awduron fel David Schlafer wedi symud o'r syniad o bregethu fel deialog i'r syniad o bregethu fel *ymgom* neu *sgwrs*.

Cred Schlafer fod pregethu'n fwy na siarad i gynulleidfa: mae'n siarad *dros* a *chyda*'r gynulleidfa yn ogystal. Mae pregethu'n ymgais i gysylltu ac uniaethu â gofalon, cwestiynau, ymrwymiadau a dathliadau yr holl gynulleidfa. Nid unawd ydyw pregethu, ond yn hytrach ddatblygiad o sgwrs gartrefol pobl Dduw – sgwrs am Dduw a chyda Duw ac am yr ymdrechion i wybod ac i fod yn ffyddlon i Dduw.[79]

Fe gytunir â'r datblygiad a'r newid yma mewn pregethu mewn ysgrif fachog gan y Parchedig Leslie Griffiths (Gweinidog Arolygol capel enwog John Wesley) yn *The Journal of the College of Preachers* (Ionawr 2005) dan y pennawd – 'Avoid Preaching at All Costs'. Cafodd y gweinidog wahoddiad gan Adran Grefydd a Moeseg Radio 2 i sgrifennu ar gyfer y rhaglen *Pause for Thought:* 'It will be heard by people who, predominantly, don't take part in organised religion but who may be interested in more general spiritual matters. It's important, therefore, that the slot starts where the listeners are – reflecting their tastes, thoughts and lifestyles. Shopping, the gym, pubs, diets, sports, TV are all good ways of getting into a talk.'

Dyna hi, y gynulleidfa fawr, fawr sy'n rhan o genhadaeth yr Eglwys heddiw. Yn ôl asesiad newydd yr elusen Gristnogol Tearfund (3 Ebrill 2007) y cyfeiriwyd ato eisoes, y mae un o bob saith ym Mhrydain yn mynychu addoliad Cristnogol bob mis, ac y mae tair miliwn ohonynt yn dweud y byddent yn mynychu'r addoldai pe bai rhywun yn eu *gwahodd.* Mae gennym ddigon o gyfryngau i gyrraedd pawb ym mhle bynnag y bônt – fu gennym ni erioed fwy o gyfryngau. Beth yw dull a chynnwys ein hapêl a'n perswâd sy'n bwysig. Yn ôl asesiad Tearfund, fe ddôi'r tair miliwn yn ôl pe caent 'the right invitation'. Beth tybed yw'r gwahoddiad cywir? Mae'n bwysig cael ateb ac fel sawl cwestiwn arall mae yna sawl atebiad i'r cwestiwn hwn.

Fe roddodd cynhyrchydd Radio 2 ganllawiau digon buddiol i Leslie Griffiths i gyflwyno'i neges: 'The tone should be conversational but avoid clichés – especially religious ones as they're a big turn off. Listen to what you're writing; use personal stories, anecdotes and observations, to lighten the context of your talk – be provocative but avoid preaching at all costs.' Osgoi pregethu ar bob cyfrif – math arbennig o bregethu, wrth gwrs! I lawer, daeth y ferf 'pregethu' i olygu rhywbeth henffasiwn yn llawn diflastod y bu i derfyn ar gonsgripsiwn y Sul ein rhyddhau ohono. Mae pregethu bellach yn pwyso'r botwm anghywir i gynifer o bobl: golyga foesoli, gweiddi, dynwared, rhefru ac arthio.

Wrth gloi ei erthygl mae Leslie Griffiths yn dyfynnu o lawlyfr i bregethwyr o'r Canoloesoedd, *Ars Praedicandi*. Prif weddau pregethu, yn ôl y llyfryn hwnnw, yw:

i) *Dylai'r pregethwr hyfforddi*
Rhaid i'r pregethwr fod yn dipyn o athro; mi fyddai'n fuddiol iddo ef neu hi roi sylw i sgiliau athro ac ymdrechu'n lew i drosglwyddo gwybodaeth i'w gynulleidfa.

ii) *Dylai'r pregethwr ddeall y gelfyddyd o berswadio*
Fe wneir hyn gydag angerdd a theimlad o daerineb. Mae cyflwyno Iesu Grist yn fater o'r pwys mwyaf!

iii) *Mae'r pregethwr i ddifyrru a chyfareddu'i gynulleidfa*
A dyma agwedd rydym ni wedi'i hanwybyddu yn ein pregethu. Nid difyrru er mwyn difyrru a olygir, ond y ffaith syml yw ei bod hi'n haws ennill unrhyw un pan fydd mewn hwyl dda.

Dyna gynghorion a chanllawiau i bregethwr sydd heb basio'i 'ddyddiad gwerthu' ers y Canoloesoedd! Prawf fod pregethu i fod yn bleser – ac y dylai fod – i'r rhai sy'n gwrando.

Yn wyneb hyn, sut y gallwn ailsiapio ac ailfowldio hen ddulliau traddodiadol o bregethu fel y bydd yn cyrraedd ac yn cyffwrdd cynulleidfa sydd wedi'i thrwytho mewn gwylio teledu? Mae Bernard Reymond o'r farn y dylai diwylliant y teledu symbylu'r pregethwr i gyfansoddi pregethau a fyddai'n agor drysau newydd i fedru credu, gobeithio a charu, yn hytrach na thrafod rhyw ddogmâu. Bydd raid datblygu rhethreg fywiog a deniadol a fyddai'n apelio at *deimlad* yn ogystal ag at *reswm*. Afraid fydd ceisio egluro pethau'n ddogmatig; yn hytrach, gwell darlunio ac arddangos a chyrraedd at bobl drwy eu teimladau a'u dychymyg.

Gan mai cyfathrebu'n llafar y mae'r pregethwr, mae amseru yn ffactor bwysig ryfeddol; gall saib yn y lle iawn fod yn bwysicach na phentwr o eiriau ar wib wyllt. Gan fod y pregethwr yn artist geiriau mae lliwiau a lliwio'n bwysig; siapiau a brasluniau o'r ddadl; defnydd o hiwmor; defnyddio geirfa sy'n cyffroi ac yn disgrifio'n fyw.

Yn ei werslyfr *The Practice of Preaching*, mae Paul Scott Wilson yn cefnogi'r syniad y dylai'r pregethwr heddiw wneud defnydd o bob cynneddf a fedd. Dylai wneud pictiwrs â geiriau. Gwêl eraill y pregethwr fel ffotograffydd yn fframio ambell eiliad, un digwyddiad ar ôl y llall. Os yw'r pregethwr am fod yn ffotograffydd â geiriau yn y pulpud bydd raid iddo ef neu hi ddysgu ymdeimlo'n ddychmygol awyrgylch ei destun.[80]

Yn wyneb y sefyllfa grefyddol gyfoes a'r argyfwng sy'n gorthrymu eglwysi'n gwlad a'n byd, fe'n llethir ag ymdeimlad o lestair, ac eto rywfodd y mae'n syndod fod arweinwyr y cyfundebau crefyddol mor amharod i wneud defnydd o'r cyfryngau a'r dechnoleg electronig a allai fod at ein gwasanaeth. Os yw'r Efengyl i gael ei chyhoeddi mor eang ag sy'n bosibl, oni fydd raid defnyddio pob ffurf ar gyfryngau, ac yn enwedig y mwyaf poblogaidd ohonynt i gyd – y teledu? Heb os, rydym wedi cyrraedd y pwynt lle y bydd raid *newid* neu farw. Mae'r hen gyfryngau a llawer o'r hen ddulliau i gyfleu ac i gyflwyno'r Efengyl bellach yn aneffeithiol – gweinidogaeth amser llawn, pregethu cyson i gynulleidfaoedd bychan, oedrannus. Aeth adeiladau yn faich i'w cynnal ac i hawlio mwy o sylw nag adeiladu'r saint, hawliodd cynnal y gweinidog fwy o sylw na dull y weinidogaeth ac aeth cadw rhyw ffigiarins di-fudd yn bwysicach na chadw'r ffydd.

Myn rhai y bydd raid i'r newid fod yn bur ddrastig. Hawlia Virginia Stern Owens yn ei llyfr *The Total Image* nad trwy gyhoeddi y llwyddwn bellach ond trwy farchnata mewn ffordd gynnil sy'n blendio'r neges Gristnogol gyda'n ffordd o fyw heddiw. Mae Peter Horsfield yn amheus iawn o'r syniad: 'The Church finds itself under challenge to present the Christian faith in a way that meshes with people's desire for answers and in a more pernicious way for a faith product, that will meet their needs with a minimum of effort and disruption.'[81]

Cawn enghraifft arall o'r un math o ddull gan yr efengylwyr Americanaidd gyda'u cynhyrchion gwych, delweddau o 'lwyddiant', eu negeseuon o 'feddwl positif', a chynnig rhoddion rhad *(free gifts)* gan Dduw, a dyna gyfieithu'r neges Gristnogol yn becyn cwsmer atyniadol sy'n adlewyrchu ysbryd y farchnad.

Cyfyd y fath ffenomena lu o gwestiynau. Beth yw goblygiadau diwinyddol y fath newid a'r symud oddi wrth y safbwynt beiblaidd lle mae Duw yn ben, i safbwynt lle y mae anghenion crefyddol pobl yn dod yn ben ac yn bennaf? Fe hola Horsfield yn betrus iawn: 'Is there a valid integration of the consumer philosophy with the Christian revelation?'[82] Mae'r mudiad hwnnw – *The Church Growth* – yn holi'n bur gefnogol. Credant, os yw dulliau'r farchnad yn ennill pobl i chwyddo enillion a phroffid y farchnad, paham na all yr un dulliau ennill pobl at werthoedd uwch yn enw'r Eglwys? Mae meddylfryd y farchnad a'i hathroniaeth wedi treiddio i fewn i bob cylch ac yn wir mae'r dadleuon yn hynod o ddiamheuol.

Bu i'r mudiad efengylaidd yn America wrthwynebu'r dechneg electronig i gyflwyno'r Efengyl am flynyddoedd lawer a buont yn arw eu beirniadaeth ar y sawl a ddefnyddiai'r fath gyfrwng i genhadu'r Efengyl Gristnogol. Ond, maes o law, fe'u hachubwyd a daethant i gredu bod y teledu, ac yn enwedig deledu lloeren, yn rhodd gan Dduw i bwrpas cenhadu ac efengylu. Mae Cymdeithasfa Efengylaidd Billy Graham yn derbyn ac yn cymeradwyo pob math o gyfryngau, yn enwedig y cyfrwng electronig. Mae ei gylchgrawn *Christianity Today* yn cyhoeddi rhyw grwsâd arbennig gyda'r pennawd: 'More-bangs-for-the-bucks'. Gall un rhaglen ar y lloeren gyrraedd 160 o wledydd, a hynny mewn wyth a deugain o ieithoedd, a miliwn a hanner o wylwyr am bris o 7.5 miliwn o ddoleri. Dyma ddywed Jimmy Swaggart, un o arweinwyr yr Efengylwyr hyn: 'Yr Efengyl a gyflwynir ar y teledu yw'r cyfrwng unigol mwyaf effeithiol i ddwyn neges Iesu Grist i filiynau o bobol.'

Mae mudiadau crefyddol eraill yn America yn barod i fynd i unrhyw eithaf i dderbyn a defnyddio sgiliau a thechnolegau marchnata, gweinyddu busnes a chyfathrebu torfol i helpu i hyrwyddo eu cenhadaeth. Bydd raid teilwrio'r neges a'r bregeth i gyfarfod â galwadau a gofynion y farchnad, wrth gwrs. Bydd raid cael math arbennig o raglenni i'w cynnig, math arbennig o ddiwinyddiaeth i'w pregethu, y lleoedd mwyaf addas i'w targedu â'r neges wedi'i phecynnu.

Wel, dyma chwyldro go iawn! Mae'n wir fod popeth yr ymafla'r Americanwyr ynddo, boed genhadaeth efengylaidd neu werthu arfau dieflig, yn siŵr o droi'n fusnes mawr a chostfawr. Ond yn yr argyfwng presennol, ai gwario miliynau ar adeiladau hynafol a cheisio cadw cyfundrefn wrth ei gilydd ydyw'r her i'r Eglwys heddiw, ynteu mentro ymlaen? Ond mae mentro ymlaen yn golygu *newid*. Fel y nodwyd eisoes, bu anniddigrwydd ac amharodrwydd ar ran yr Eglwys i bob newid yn hanes y cyfryngau, a chymerant gryn amser. Fe gymerodd y newid o'r llafar i *ysgrifennu* yng nghrefydd Israel fil o flynyddoedd a chymerodd gannoedd o flynyddoedd i'r Cristnogion dderbyn argraffu. Tybed faint gymer hi i'r cymunedau Cristnogol addasu eu bywyd a'u cenhadaeth i'r cyfryngau electronig sydd at eu gwasanaeth heddiw? Mae'r newid hwn, y mwyaf chwyldroadol ohonynt i gyd, yn siŵr o fod yn broses faith a chymhleth. Rydym eisoes wedi cychwyn ar y newid chwyldroadol yma – y cyfryngau electronig a'u heglwys electronig sy'n traws-newid ein diwylliant.

Mae'r Athro Thomas Boomershine yn ein hatgoffa mai ymateb sylfaenol y prif gymunedau Cristnogol ac Iddewig i'r cyfryngau newydd a'u diwylliant yw *gwrthwynebu*. Deil yr enwadau Protestannaidd a'r Pabyddion yn gyndyn iawn i gofleidio'r cyfryngau newydd; daliant yn hynod o grintachlyd yn eu cefnogaeth ariannol i weinidogaeth deledu. Dyma'r gwir hefyd am Gyngor

Cenedlaethol yr Eglwysi. Mae'r Eglwys yn gyffredinol yn barotach o lawer i wario ei harian a'i hadnoddau ar ei hadeiladau ac ar ei gweisg.

Ond er pob gwrthwynebiad mae'r sefyllfa'n newid, yn America, o leiaf, a hynny ar gyfrif arweiniad dewr ac arloesol yr Efengylwyr. Bu'r Protestaniaid ceidwadol a ffwndamentalaidd hyn yn hynod o wrthwynebus ar y dechrau, ond fe'u hargyhoeddwyd yn wahanol, a chredant bellach fod y cyfryngau electronig hyn yn rhodd gan Dduw. Trwy lansio'r eglwys electronig bu i Billy Graham, Oral Roberts, Jimmy Swaggart ac eraill drawsffurfio ffurf a siâp Cristnogaeth America. Y fath rym crefyddol a gwleidyddol y bu i'r arloeswyr hyn ei ddatblygu yn ystod y deugain mlynedd diwethaf. Ond myn yr Athro Boomershine fod yr efengylwyr hyn, ac eithrio Robert Schuller, yn pregethu ffurf ar grefydd sifil (*civil religion*) sy'n gwrthdaro â phwyntiau sylfaenol yr Efengyl – rhyw grefydd archfarchnadol gyda dehongliad dethol o'r traddodiad Cristnogol.[83]

Yn wyneb y datblygiadau hyn rydym ni ymhell ar ei hôl hi ym mhroses y newid i dderbyn y cyfryngau a'r dechnoleg electronig. Eto, mae'n bwysig cydnabod bod radio a theledu yn rhoi cryn dipyn o amser i faterion crefyddol: fe ddarlledir rhaglenni o addoliad ar y cyfryngau hyn yn gyson. Mae ein cymdeithas, bellach, yn amlhiliol ac yn aml-ffydd o ran natur. Mae llawer iawn o bobl grefyddol, yn enwedig Cristnogion ceidwadol, yn ymdrechu i gadw yr hyn a gredant yw gwir natur Gristnogol ein diwylliant. Bydd raid inni feithrin agweddau a sgiliau a fydd o help i ni a'n plant i geisio byw yn niwylliant y cyfryngau newydd yma a hynny heb gael ein traflyncu gan y diwylliant hwnnw, a chan bwyll y gallwn ganfod ffyrdd i'w drawsffurfio yng ngoleuni'r Efengyl.[84]

Fodd bynnag, dyw hi wahaniaeth yn y byd pa mor arwyddocaol fu darganfod ysgrifennu, argraffu neu deledu i natur a mynegiant crefyddoldeb dynol; mae'n hynod o bwysig na chollwn olwg ar y ffaith honno, mai *pobl* yw'r cyfryngau pwysicaf o'r cwbl i gyd. Yng ngeiriau Ninian Smart: 'Ultimately the most important symbols communicating the essence of religion are the people involved – the shaved monk, the village priest, the hermit, the wandering holy man, the preacher, the sober layperson and so on.'[85]

Yng ngoleuni hyn edrychwn ar benodiad y Parchedig Tecwyn Ifan fel 'Ysgogydd' o fewn Cymanfa Eglwysi Bedyddwyr Dinbych, Fflint a Meirion fel penodiad arwyddocaol iawn. Dyma wyneb cyfarwydd mewn swydd newydd sbon. Mae Tecwyn yn ymwybodol iawn o'r angen i sylweddoli beth yw'r sefyllfa rydym ynddi heddiw ac y dylai ddechrau o'r sefyllfa honno.

Eglura'r ysgogydd mai'r hyn sydd wedi arwain at y penodiad hwn yw'r lleihad yn niferoedd y gweinidogion ac mae'n dangos dyhead i gynyddu effeithiolrwydd yr eglwysi trwy feithrin doniau a datblygu sgiliau aelodau'r eglwysi. Nod y cynllun o fewn y Gymanfa yw paratoi cylchoedd o eglwysi i fod yn hunangynhaliol o ran adnoddau dynol i barhau'r dystiolaeth a'r genhadaeth, a hynny o fewn pum mlynedd.

Cydnebydd yr ysgogydd fod y cynlluniau'n dibynnu ar barodrwydd yr aelodau i roi o'u hamser a'u hymrwymiad i'r gwaith. Mae hefyd yn dibynnu ar barodrwydd gweinidogion i fod yn barod i ollwng eu gafael ar diriogaeth sydd wedi bod yn eiddo lled gyfyngedig iddynt hwy dros y blynyddoedd. 'Amser a ddengys os digwydd hynny,' meddai Tecwyn, sy'n credu nad llwybr newydd fyddai hwn, ond yn hytrach fater o ddychwelyd at ein gwreiddiau anghydffurfiol, fel rhai sy'n credu yng ngweinidogaeth yr holl saint. Neu fel y byddai Hywel Gwynfryn yn arfer dweud – 'Y bobol bia'r cyfrwng'. Dyma sut y disgrifiodd y Prifardd William Morris un o bregethwyr mwyaf yr ugeinfed ganrif – Tom Nefyn:

> Ac o'i bregethau i gyd
> Y fwyaf oedd ei fywyd.

Mae'n amlwg ddigon fod a wnelo holl weithgarwch crefyddau mawr y byd, bron, â chyfathrebu gwerthoedd a syniadau trwy ddefnyddio'r amrywiol gyfryngau. Fu erioed gyfnod lle y ceir y fath ddewis o gyfryngau at eu gwasanaeth. Yn y gymdeithas gyfoes y teledu yw'r cyfrwng blaenaf, cymaint nes y tueddwn i anwybyddu'r cyfryngau eraill fel y wasg, radio, cerfluniaeth, cyfrifiaduron a sawl cyfrwng arall. Yn wyneb y fath ddewis y mae'n bwysig iawn, fel y rhybuddia Jim Mcdonnell,[86] ein bod yn datblygu agweddau a sgiliau i'n helpu ni a'n plant i fyw yn 'niwylliant y cyfryngau' heb gael ein llyncu ganddo ond yn hytrach y gallwn trwy ras Duw ganfod ffordd i'w drawsnewid yng ngoleuni'r Efengyl.

NODIADAU

1 Malcolm Muggeridge, *Christ and the Media*, t. 6.
2 Gail B. West, 'The Effects of T.V.: A Bibliography', tt. 220–1.
3 Bernard Reymond, 'Preaching and the New Media', cyfres newydd, *Modern Churchman*, cyfres newydd, cyf. xxxiv, rhif 5 (1993).
4 Robert Pope, *Codi Muriau Dinas Duw*, t. 280.
5 C. Peter Wagner, *Churchquake*, t. 15.
6 Edward Markquart, *Quest for Better Preaching*, t. 184.
7 Glyn Tudwal Jones, *Croesi'r Mileniwm*, tt. 12–13.
8 Thomas E. Boomershine, 'Religious Education and Media: A Historical Sketch', t. 269.
9 Walter J. Ong, *Orality and Literacy: The Technologizing of the Word*.
10 Elizabeth L. Eisenstein, *The Printing Revolution in Early History*.
11 Mary Renault, *The Praise Singer*, tt. 285–8.
12 Elizabeth L. Eisenstein, *The Printing Revolution in Early History*, t.170.
13 Bernard Reymond, 'Preaching and the New Media'.
14 Harper Lee, 'Quotes of the Week'.
15 John Killinger, *The 11 O'Clock News and other Experimental Sermons*.
16 Roy P. Madsen, *The Impact of Film*.
17 Peter Conrad, *Television – the Medium and its Manner*.
18 Jolyon Mitchell a Sophia Marriage (goln.), *Mediating Religion*, t. 86.
19 Chris Arthur (gol.), *Religion and the Media*, t. 5.
20 Tom Evans, Adolygiad ar *Religion and the Media*.
21 Neil Postman, *Amusing Ourselves to Death*, t. 123.
22 Kenneth M. Wolfe, *The Churches and the BBC 1922–1956*.
23 John Davies, *Broadcasting and the BBC in Wales*, t. 12.
24 *Western Mail*, 4 Chwefror 1923.
25 John Davies, *Broadcasting and the BBC in Wales*, t. 25.
26 Kenneth Lamb, *Religious Broadcasting*, t. 4.
27 *Cambria Leader*, 24 Chwefror 1925.
28 *Y Llan*, 6 ac 13 Rhagfyr 1938.
29 *Liverpool Daily Post*, 25 Hydref 1936.
30 R. Alun Evans, *Stand By*, t. 57.
31 R. Alun Evans, *Stand By*, t. 121.
32 *Y Cloriannydd*, 17 Hydref 1934.
33 John R. Roberts, *Canrif o Bregethu (1850–1950)*.
34 Ruth Gledhill (gol.), *The Times Book of Best Sermons*, t. vii.
35 *The Times*, 8 Mai 2008.
36 *The Tablet*, 7 Ebrill 2007.
37 Sydney Cave, *The Christian Way*, t. 14.
38 Leslie J. Francis, *Believing without Belonging*.
39 Chris Arthur (gol.), *Religion and the Media*, t. 87.
40 Robert Pope, 'Speaking of God and Donald Duck', t. 169.
41 Albert-Marie Schmidt, *Calvin and Calvinistic Tradition*, tt. 63, 87.
42 Richard Thomas, *Counting People In*.
43 Richard Thomas, *Counting People In*.

44 Robert Pope, 'Speaking of God and Donald Duck', tt. 169–170.
45 Robert Pope, 'Speaking of God and Donald Duck', t. 170.
46 Kate Conolly, *Daily Telegraph*, 22 Awst 2005.
47 Chris Arthur (gol.) *Religion and the Media*, t. 83.
48 Grace Davie, *Religion in Britain since 1945.*
49 Tom Evans, Adolygiad ar *Religion and the Media*, tt. 9–10.
50 Neil Simpson, 'Popular Religion on TV'.
51 Paul Tillich, *Systematic Theology,* cyf. 1, t. 3.
52 Hilary Kingsley, *Soap Box.*
53 Eric Shegog, 'Religious Communication in the Context of Soap Value', tt. 80–3.
54 Eric Shegog, 'Religious Communication in the Context of Soap Value', tt. 80–3.
55 *Modern Churchman*, cyfres newydd, cyf. xxxiv, rhif 5 (1993), t. 19.
56 Karl Barth, *The Preaching of the Gospel.*
57 Neil Postman, *Amusing Ourselves to Death.*
58 D. P. Davies, 'Hymns and Arias' yn *Religion and the Media*, gol. Chris Arthur.
59 R. G. Hughes, *Y Weinidogaeth Hon.*
60 W. Ambrose Bebb, *Yr Ysgol Sul*, tt. 48–66.
61 Richard Thomas, *David Williams, y Piwritan.*
62 Thomas Rees, *Hanes Ymneilltuaeth yng Nghymru.*
63 David Norrington, *To Preach or Not to Preach.*
64 Stewart M. Hoover, 'The Meaning of Religious Television'.
65 Paul Scott Wilson, *The Practice of Preaching.*
66 Amos Wilder, *Early Christian Rhetoric.*
67 Amos Wilder, *Early Christian Rhetoric.*
68 Michael Rogness, *Preaching to a TV Generation.*
69 Kate Moody, *Growing Up on Television.*
70 Donald Macleod, *The Problem of Preaching.*
71 Richard A. Jensen, *Thinking in Story.*
72 Jay Adams, *'Preaching with Purpose',* 1988, t. xi.
73 Kathleen Hall Jamieson, *Eloquence in an Electronic Age,* t. 44.
74 Bernard Reymond, 'Preaching and the New Media'.
75 Sydney Cave, *The Christian Way*, t. 14.
76 Robert Pope, *Codi Muriau Dinas Duw*, t. 280.
77 William Barclay, *In the Hands of God*, t. 23.
78 Henry J. Eggold, *Preaching is Dialogue*, t. 11.
79 David J. Schlafer, *Surviving the Sermon*, t. 23.
80 Bernard Reymond, 'Preaching and the New Media'.
81 Chris Arthur (gol.), *Religion and the Media.*
82 Chris Arthur (gol.), *Religion and the Media*, t. 48.
83 Thomas E. Boomershine, 'Religious Education and Media Change' t.275.
84 Hugh Montefiore (gol.), *The Gospel and Contemporary Culture*, t. 182.
85 Ninian Smart, 'Religion' yn *International Encyclopedia of Communications* (gol. by Eric Barnouw), cyf. 3, t. 443.
86 Hugh Montefiore, *The Gospel and Contemporary Culture*, t. 182.

LLYFRYDDIAETH

Adams, Jay E., *Preaching with Purpose: the Urgent Task of Homiletics* (Grand Rapids, MI: Zondervan, 1982)

Arthur, Chris (gol.), *Religion and the Media* (Cardiff: University of Wales Press, 1993)

Babin, Pierre, *The New Era in Religious Communication* (Minneapolis: Fortress Press, 1991)

Barclay, William, *In the Hands of God* (London: Fount Paperbacks, 1977)

Barth, Karl, *The Preaching of the Gospel* (Philadelphia: Westminster, 1963)

Bebb, W. Ambrose, *Yr Ysgol Sul* (Llandybïe: Llyfrau'r Dryw, 1944)

Bluck, John, *Beyond Technology* (Geneva: World Council of Churches, 1984)

Boomershine, Thomas E., 'Religious Education and Media Change: a Historical Sketch', *Religious Education*, cyf. 82, rhif 2 (1987).

Cave, Sydney, *The Christian Way* (London: Nisbet, 1949)

Cox, Harvey, *On Not Leaving It to the Snake* (London: SCM Press, 1964)

Christianson, Eric; Francis, Peter a Telford, William (goln.), *Cinema Divinité* (London: SCM Press, 2005)

Corley, Kathleen E. a Webb, Robert L., *Jesus and Mel Gibson's Passion of Christ* (London: Continuum, 2004)

Conrad, Peter, *Television – the Medium and its Manners* (Boston/London: Routledge and Kegan, 1982)

Craddock, Fred B., *As One without Authority,* (Nashville: Abingdon Press, 1979).

Davie, Grace, *Religion in Britain since 1945: Believing Without Belonging* (Oxford: Basil Blackwell, 1994)

Davies, Aneirin Talfan, *Darlledu a'r Genedl* (Llundain: Cyhoeddiadau'r BBC, 1972)

Davies, D. P., 'Hymns and Arias' yn *Religion and the Media*, gol. C. Arthur (Cardiff: University of Wales Press, 1993)

Davies, Hywel, *The Role of the Regions in British Broadcasting* (BBC Lunch-time Lecture, 1965)

Davies, John, *Broadcasting and the BBC in Wales* (Cardiff: University of Wales Press, 1994)

Davies, John, *Hanes Cymru* (Caerdydd: Gwasg Prifysgol Cymru, 1990)

Eggold, Henry J., *Preaching is Dialogue: a Concise Introduction to Homiletics* (MI: Baker Book House, 1980)

Eisenstein, Elizabeth L., *The Printing Revolution in Early Modern History* (Cambridge: University Press, 1993)

Erfyl, Gwyn, *Dyfroedd Byw a Cherrynt Croes* (Dinbych: Gwasg Gee, 2000)

Evans, R. Alun, *Stand By: Bywyd a Gwaith Sam Jones* (Llandysul: Gwasg Gomer, 1998)

Evans, Tom, Adolygiad o *Religion and the Media*, gol. Chris Arthur, *Cristion* (Ebrill 1994)
Fiske, John, *Television Culture* (London: Routledge, 1987)
Forte, William, 'The Religious Relevance of Television', *Religion and the Media,* tt. 55–65.
Francis, Leslie J., *Believing without Belonging: the Teenage Experience* (The Essex Hall Lecture, 1994)
Gledhill, Ruth (gol.), *The Times Book of Best Sermons* (London: Cassell, 1995)
Goethals, Gregor, *The TV Ritual: Worship at the Video Altar* (Boston: Beacon Press, 1981)
Griffiths, Leslie, 'Avoid Preaching at All Costs', *The Journal of the College of Preachers* (Ionawr 2005)
Hay, David a Hunt, Kate, *Understanding the Spirituality of People Who Don't Go to Church: a report on the findings of the Adult's Spirituality Project at the University of Nottingham* (Nottingham: University of Nottingham, 2000)
Hirsch, Rudolf, *Printing, Selling and Reading, 1450–1550* (Wiesbaden: Harrassowitz, 1967)
Hoover, Stewart M., 'The Meaning of Religious Television' yn *American Evangelicals and Mass Media*, gol. Quentin J. Schultze (MI: Zondervan, 1990)
Hughes, R. G., *Y Weinidogaeth Hon* (Darlith Davies, 1967)
Jamieson, Kathleen Hall, *Eloquence in an Electronic Age: the Transformation of Political Speechmaking* (Oxford: University Press, 1998)
Jensen, Richard A., *Thinking in Story: Preaching in a Post-literate Age* (Lima, Ohio: CSS Publishing, 1993)
Jones, Glyn Tudwal, *Croesi'r Mileniwm, Cadw'r Ffydd* (Darlith Davies, 1997)
Killinger, John, *The 11 O'Clock News and other Experimental Sermons* (Abingdon Press, 1975)
Kingsley, Hilary, *Soap Box: the Papermac Guide to Soap Opera* (London: Macmillan, 1988)
Kugel, James L., *The Bible As It Was* (Cambridge, Mass./London: Belknap, 1997)
Kuhus, William, *The Electric Gospel* (New York: Herder & Herder, 1969)
Lamb, Kenneth, *Religious Broadcasting* (BBC Lunch-time Lecture, 1965)
Lee, Harper, 'Quotes of the Week', *Independent on Sunday* (2 Gorffennaf 2006)
Lewis, C. S., *Letters to Malcolm: Chiefly on Prayer* (London: Bles, 1964)
Macleod, Donald, *The Problem of Preaching* (Philadelphia: Fortress Press, 1989)

Madsen, Roy P., *The Impact of Film: How Ideas are Communicated through Cinema and Television* (New York: Macmillan, 1973)

Markquart, Edward, F., *Quest for Better Preaching* (Augsburg, 1985)

Mitchell, Jolyon P., *Visually Speaking* (London: T. & T. Clark, 1999)

Mitchell, Jolyon a Marriage, Sophia (goln.), *Mediating Religion: Conversation in Media, Religion and Culture* (London: T. & T. Clark, 2003)

Moody, Kate, *Growing up on Television: the TV Effect: a Report to Parents* (New York: Times Books, 1980)

Montefiore, Hugh (gol.), *The Gospel and Contemporary Culture* (Mowbray, 1992)

Morris, Colin, *God-in-a-box: Christian Strategy in a Television Age* (London: Hodder & Stoughton, 1981)

Morris, Colin, *Drawing the Line: Taste and Standards in BBC Programmes* (London: BBC Books, 1987)

Morris, Colin, *Wrestling with an Angel: Reflection on Christian Communication* (London: Collins Fount, 1990)

Muggeridge, Malcolm, *Christ and the Media* (London Lectures in Contemporary Christianity, 1976)

Newbigin, Lesslie, *Foolishness to the Greeks*: *the Gospel and Western Culture* (London: SPCK, 1986)

Norrington, David C., *To Preach or Not to Preach?* (Carlisle: Paternoster Press, 1996)

Ong, Walter J., *Orality and Literacy: the Technologizing of the Word* (New York: Routledge, 1982)

Pilgar, John, *Tell Me No Lies* (London: Jonathan Cape, 2004)

Pope, Robert, *Codi Muriau Dinas Duw* (Bangor: Canolfan Uwchefrydiau Crefydd yng Nghymru, Prifysgol Bangor, 2005), tt. 167-181.

Pope, Robert, 'Speaking of God and Donald Duck, Non-Realism and Animation', *Cinema Divinité* (2005), tt. 167–81

Porter, David (gol.), *The Word on a Box* (Carlisle: Paternoster Press, 1997)

Postman, Neil, *Amusing Ourselves to Death*: *Public Discourse in the Age of Showbusiness* (Harmondsworth: Penguin, 1985)

Rees, D. Ben, *Diwygiwr yn Sir Fôn* (Caernarfon: Gwasg y Bwthyn, 2005)

Rees, Thomas, *Hanes Ymneilltuaeth yng Nghymru* (Aberafon, 1912)

Reith, John, *Broadcasting over Britain* (London: Hodder & Stoughton, 1924)

Renault, Mary, *The Praise Singer* (London: Murray, 1978)

Report of the Anglican Consultative Council, 'Many Gifts One Spirit' (London: Anglican Consultative Council, 1987)

Reymond, Bernard, 'Preaching the New Media', *Modern Churchman*, cyfres newydd, cyf. xxxiv, rhif 5 (1993)

Richards, Emlyn, *Pregethwrs Môn* (Caernarfon: Gwasg Gwynedd, 2003)

Richter, Philip a Francis, Leslie J., *Gone But Not Forgotten* (London: Longman and Todd, 1998)
Roberts, Elfed ap Nefydd, *Religious Broadcasting Today* (darlith anghyhoeddedig)
Roberts, John R., *Canrif o Bregethu (1850–1950)* (Darlith Davies, 1977)
Rogness, Michael, *Preaching to a TV Generation: The Sermon in the Electronic Age* (Lima, Ohio: CSS Publishing, 1994)
Schlafer, David J., *Surviving the Sermon: a Guide to Preaching for Those who Have to Listen* (Boston, MA.: Cowley Publication, 1992)
Schmidt, Albert-Marie, *Calvin and Calvinistic Tradition* (London: Longmans, 1960)
Shegog, Eric, 'Religious Communication in the Context of Soap Value' yn *Religion and the Media*, gol. C. Arthur (Cardiff: University of Wales Press, 1993)
Simpson, Neil, 'Popular religion on TV' yn *Religion and the Media*, gol. C. Arthur (Cardiff: University of Wales Press, 1993), tt. 101–109
Smart, Ninian, 'Religion' yn *International Encyclopedia of Communications*, gol. Eric Barnouw (New York/ Oxford: Oxford University Press, 1989)
Thomas, Einion, *Capel Celyn: Deng Mlynedd o Chwalu, 1955–1965* (Abertawe: Cyhoeddiadau Barddas, 2007)
Thomas, Richard, *David Williams, y Piwritan* (Caernarfon, 1929)
Thomas, Richard, *Counting People In: Changing the Way We Think about Membership of the Church* (London: SPCK, 2003)
Thomson, George, *The Foreseeable Future* (New York: Viking, 1960)
Tillich, Paul, *Systematic Theology* (Chicago: University of Chicago Press, 1951–1963)
Toffler, Alvin, *Future Shock* (London: The Bodley Head, 1970)
UK Christian Handbook: Religious Trends 1999–2000
Wagner, C. Peter, *Churchquake* (California: Regal Books, 1999)
West, Gail B., 'The effects of T.V.: A Bibliography', *The Living Light*, cyf. 17 (1980)
Wilder, Amos, *Early Christian Rhetoric: the Language of the Gospel* (Cambridge, Mass.: Harvard University Press, 1971)
Wilson, Paul Scott, *The Practice of Preaching* (Nashville: Abingdon Press, 1995)
Williams, Colin, *Where in the World?* (London: Epworth Press, 1965)
Wolfe, Kenneth W., *The Churches and the BBC 1922–1956: the Politics of Broadcasting Religion* (London: SCM Press, 1984)
Zeldin, Theodore, *Conversation* (London: Harvill Press, 1998)

CYLCHGRONAU A PHAPURAU

America, cyf. 136, Mai 1977 – 'Preaching in the Market Place'
Baptist Times, 2 Medi 2004
Cambria Leader, 24 Chwefror 1925
Y Cloriannydd, 17 Hydref 1934
The Expository Times, Mai 1977, tt. 237–8, 'Preaching Today'
Y Faner, 28 Mawrth 1950, Kate Roberts
Yr Herald Gymraeg, 7 Medi 2005
The Listener, Tachwedd 1950
Y Llan, Rhagfyr 1938
Y Llenor, cyf. xxx, 'Y BBC a Chenedl y Cymry', John Eilian
New Catholic World, cyf. 1322, Mawrth / Ebrill 1928
Papur Dre, Caernarfon, 2007, Harri Parri
Radio Times, West / Wales, Ebrill 1950
Star Tribune, Ionawr 1991, Ellen Goodman
The Tablet, 7 Ebrill 2007 – Golygyddol: 'The Invitation that Matters'

PREGETHAU

Davies, D. Jacob, *Oedfa'r Bore*, Cymdeithas Undodiaid Ieuenctid Cymru
Hughes, H. D., *Oedfa'r Bore, Y Cloriannydd* (17 Hydref 1934)
Jones, Idwal, *Oedfa'r Bore, Twm Bach* (Pencader: Gwasg yr Arad)